SV

Band 945 der Bibliothek Suhrkamp

Hans Mayer
Versuche über Schiller

Suhrkamp Verlag

Erstausgabe

Erste Auflage 1987

Druck: Nomos Verlagsgesellschaft, Baden-Baden
Printed in Germany

Versuche über Schiller

Inhalt

1. Das Ideal und das Leben
Eine Schiller-Rede 1955

Wie schön, o Mensch, mit deinem Palmenzweige
Stehst du an des Jahrhunderts Neige,
In edler stolzer Männlichkeit,
Mit aufgeschloßnem Sinn, mit Geistesfülle,
Voll milden Ernsts, in tatenreicher Stille,
Der reifste Sohn der Zeit,
Frei durch Vernunft, stark durch Gesetze,
Durch Sanftmut groß und reich durch Schätze,
Die lange Zeit dein Busen dir verschwieg,
Herr der Natur, die deine Fesseln liebet,
Die deine Kraft in tausend Kämpfen übet
Und prangnd unter dir aus der Verwildrung stieg!

Spricht man sie von neuem, diese berühmten Eingangsverse, mit denen das Gedicht »Die Künstler« gleichsam in strahlendem C-Dur, in unmittelbarer Exponierung des Themas beginnt, so öffnet sich ein Reich, in dem nur einer geherrscht hat und herrschen konnte: Friedrich Schiller. Während er zu Beginn des Jahres 1789 diese Verse niederschrieb und das Künstler-Gedicht im ersten Entwurf Gestalt werden ließ, war Goethe, damals noch durch vielerlei im Menschlichen und Sachlichen von Schiller getrennt, bei der Arbeit an einer kunsttheoretischen Untersuchung. Er betitelte sie »Einfache Nachahmung der Natur, Manier, Stil«. Sie erschien im Februar 1789 im »Teutschen Merkur«. Unter dem »Stil« eines Künstlers verstand Goethe, wie er eingehend nachwies, die Verbindung von Nachahmung der Natur und »genauem und tiefem Studium der Gegenstände selbst«; hinzukommen aber müsse beim Künstler »die Bemühung, sich eine allgemeine Sprache zu machen«. Wir würden heute sagen: genaue Kenntnis der Sache, Fähigkeit im Unterscheiden wesentlicher und unwesentlicher Züge müsse sich bei der künstlerischen Gestaltung verbinden mit der persönlichen Prägung, der einmaligen schöpferischen Persönlichkeit im Künstler selbst. Dann erst wäre – so meinte Goethe, und wir werden ihm darin folgen müssen – ein künstlerischer Stil im einzelnen Fall und im einzelnen Kunstwerk zu entwickeln, der sich »den höchsten menschlichen Bemühungen gleichstellen darf«.

In diesem Goethischen Sinne besaß Friedrich Schiller »Stil«, und zwar Stil in allen seinen Schöpfungen. Im Großartigen und manchmal auch im Widerspruchsvollen bleibt er unverwechselbar. Wir sprechen von einem Schillerischen Helden, vom Schiller-Vers, von einem Schillerischen Pathos, von Schillerischen Bösewichtern; in der Kritik, die Marx und Engels in der Sickingen-Debatte mit Ferdinand Lassalle geführt haben, wurden von ihnen dramaturgische Gegensätze in abgekürzter Form in das Begriffspaar »Schillern« und »Shakespearisieren« gedrängt. Der beherrschende Eindruck bleibt immer wieder: daß man hier mit einem Menschen und Künstler zusammentrifft, der mit nichts anderem verglichen werden kann, der in all seinen Äußerungen unverkennbar er selbst ist, im Ausdruck und im Gedanken, der in all seinen Lebens- und Kunstäußerungen, mag es sich um das Jugendwerk der »Räuber« oder das unvollendete letzte Werk, den »Demetrius«, handeln, in stärkster Prägung als unvergleichliche und unvergleichbare Persönlichkeit vorhanden ist: der »Stil« besitzt.

In reinstem Maße aber künden die Eingangsverse des Gedichts »Die Künstler« im sprachlichen Ausdruck und im thematischen Gehalt von diesem Schiller-Stil. Hat man nicht den Eindruck, als habe der Dichter unabsichtlich dies hohe Menschentum, das er beschwört, nach seinem eigenen Vorbild verstanden und abgebildet? Hören wir die Wortprägungen: »edle stolze Männlichkeit«, »milder Ernst«, »Sanftmut«, »tatenreiche Stille«. Jede dieser Wendungen ist immer wieder von den Zeitgenossen, die ihm begegnen durften, gebraucht worden, wenn es galt, den Eindruck von Schillers Persönlichkeit wiederzugeben. Edle stolze Männlichkeit, Sanftmut und Geistesfülle: alle stimmten darin überein, dies vor allem hervorzuheben. »Frei durch Vernunft, stark durch Gesetze« – so heißt es weiter im Gedicht. Das ist bereits ein philosophischer Ausdruck aus Schillers damaligem Weltbild. Allein auch hierin spürt man ein Streben nach Erziehung und Selbsterziehung des Menschen und Künstlers. Das Thema nicht bloß dieses Künstler-Gedichts ist angeschlagen, sondern ein Grundmotiv in Schillers Leben und Schaffen: was er von sich selbst forderte, gedachte er als große Aufgabe vom Menschen seiner Zeit und künftiger Zeiten schlechthin zu fordern. Oder umgekehrt: seine Vision von künftiger Menschheit gedachte er an sich selbst und durch sich selbst zu verwirklichen.

Hier ist Schiller unvergleichbar. Er ist nicht bloß die Größe der Idee, die Vielfalt der Begabungen, dichterischer, denkerischer, staatsmännisch-politischer, publizistischer, die seine eigentliche Größe ausmacht, im letzten ist es wohl die sittliche Kraft und Leidenschaft des Mannes, die bewirkt hat, was wir als Schillers Pathos bezeichnen, und was so verschieden ist von allem pathetischen Getöne und Getöse späterer Schiller-Epigonen. Pathos hat im Wort und in der Sache mit Leiden zu tun, mit sittlichem Kampf gegen Leid und Leiden, mit Reife und Männlichkeit. Schillers Stil ist undenkbar ohne Schillers Pathos. Schillers Pathos ist undenkbar ohne Schillers Lebensweg und Lebenskampf. Schillers Leiden ist undenkbar ohne die geistige und sittliche Kraft, die aufgewandt wurde, das Leid zu überwinden.

Spüren wir nun bereits die dunkleren Harmonien, die diesen strahlenden Aufruf und Anruf des Menschen begleiten? Hier ist *eine* der Ursachen für die überwältigende Wirkung nicht bloß dieser Verse und dieses Gedichts, sondern all dieser großen philosophischen Poesien zu finden, die sich in ihrem Thesengehalt jeweils abwandeln mochten, die aber, jenseits dieser thesenmäßigen Verschiedenheit, eine geistige Gemeinsamkeit und Grundauffassung aufweisen, mag es sich um ein Gedicht wie »Die Ideale« handeln oder um »Das eleusische Fest«, um das besonders stark kantianische Gedicht »Das Ideal und das Leben« oder um den »Spaziergang«. Nicht der Kantianismus ist hier entscheidend, sondern der Schillerische Grundstil, der ihnen allen gemeinsam bleibt und bewirkt hat, daß diese Gedichte auch formal in unserer deutschen Literaturentwicklung weder ein Gegenstück noch gar eine Nachfolge gefunden haben.

Es gibt aber nicht bloß diese subjektive Seite. Wir können bei Betrachtung von Schillers Versen wie diesen hier, die für eine Betrachtung von Schillers gesamter Dichtung stehen mögen, nicht bloß auf den Menschen hinweisen, der alles, was er schrieb oder unternahm, so einzigartig und übergewaltig prägte, daß Goethe später, nach des Freundes Tode, von ihm gleichsam wie von einem Heiligen zu sprechen pflegte. Ein anderes kommt hinzu. In Schillers Werk, nicht bloß in diesem Gedicht »Die Künstler«, *traf ein großer geschichtlicher Moment* mit einem großen Menschen zusammen, der imstande war, diesen Moment zu empfinden und in sich wirken zu machen. Auch davon künden die Worte:

Wie schön, o Mensch, mit deinem Palmenzweige
Stehst du an des Jahrhunderts Neige,
In edler stolzer Männlichkeit.

Es ist Morgenfrühe in diesen Versen und Tönen: die Morgenröte einer Menschheit, Kraftbewußtsein und Gewißheit höchster Verwirklichung. Das Jahrhundert, das achtzehnte, geht zur Neige. In knappster Gedankenprägung sucht Schiller zusammenzufassen, was er als die eigentliche Errungenschaft dieser Aufklärungsepoche empfindet: Menschenstolz, Aufgeschlossenheit des Geistes, Aufbau einer Ordnung der Vernunft, Streben nach rationaler Gesetzlichkeit in Wissenschaft, Kunst, gesellschaftlichem Leben, Erkenntnis der Naturgesetze und Dienstbarmachung der Natur für die menschliche Höherentwicklung. Hier spricht ein stolzer Sohn der europäischen Aufklärung, ein bürgerlicher Humanist. Und die Kunst, das ist der Sinn des groß angelegten, wenn auch nicht überall groß durchgeformten Gedichts, wird die entscheidende Aufgabe bei der Erziehung des Menschengeschlechts zu spielen haben, wie sie das bereits in der Antike und in der Renaissance zu beweisen vermochte. Kunst erzeugt menschlichen Fortschritt; menschlicher Fortschritt aber reißt die Kunst mit sich fort und empor:

Die Welt, verwandelt durch den Fleiß,
Das Menschenherz, bewegt von neuen Trieben,
Die sich in heißen Kämpfen üben,
Erweitern euren Schöpfungskreis.

Der fortgeschrittne Mensch trägt auf erhobnen
Schwingen
Dankbar die Kunst mit sich empor,
Und neue Schönheitswelten springen
Aus der bereicherten Natur hervor.

Wir kennen den Höhepunkt, dem das Gedicht zustrebt, in den berühmten Versen, die zunächst, nach dem Bau des Poems, nur an die Künstler sich zu wenden scheinen, damit aber gerade, gleichfalls der eigentlichen Struktur des Gedichts entsprechend, als Aufgabe aller Menschen dieser Zeit und dieses Jahrhunderts gelten sollen:

Der Menschheit Würde ist in eure Hand gegeben –
Bewahret sie!
Sie sinkt mit euch! Mit euch wird sie sich heben!

So groß hatte auch in diesem Jahrhundert Voltaires und Rousseaus, Lessings und Lomonossows, Diderots und Herders, Defoes und Fieldings, Klopstocks und Vicos noch keiner vom Menschen gedacht und gesprochen. Wie Goethes Straßburger Lyrik gleichsam die Morgenfrühe eines Gefühlslebens bedeutet, das so reich und tief niemals vorher zur Selbstaussage fand, so bedeutet diese sogenannte Gedankenlyrik Friedrich Schillers einen Aufbruch menschlichen Emanzipationsstrebens, eine Poesie menschlicher Selbstverwirklichung.

Der große Mensch fand einen großen Moment, der große Moment fand seinen großen Künder. Man schreibt das Jahr 1789. Zu Jahresbeginn entstehen Goethes Essay und Schillers Gedicht. Am 5. Mai treten in Versailles die Generalstände des französischen Königreichs zusammen; am 14. Juli fällt die Bastille. Schillers Größe ist in hohem Maße verbunden mit der Größe des geschichtlichen Augenblicks, in dem er lebte und wirkte. Daß hier ein menschlicher Anfang sichtbar wurde, war Schillers unbeirrbare Überzeugung. Davon muß immer ausgegangen werden, will man Schillers Wirken in seiner Zeit und für die Nachwelt richtig verstehen und nicht verkennen. Darum kann man die Deutung Schillers nicht bloß, und wohl überhaupt nicht allzusehr, von seiner Stellung zu Jakobinertum und Robespierre abhängig machen, die er ablehnte, vor denen ihm graute. Die Revolution selbst, die Veränderung der politischen und gesellschaftlichen Umstände im Vollzug der Vernunftgesetze: ihr fühlte auch er sich verbunden. Das war Schillers tiefste Überzeugung, nicht bloß im Gedicht »Die Künstler«, sondern ein ganzes Leben hindurch, vom Bericht des Räubers Moor über die Herkunft seiner Ringe bis zur Schlußszene des »Wilhelm Tell«. Man vergesse nicht, daß die Zerstörung der Burg Zwing-Uri durch die siegreichen Eidgenossen im Bewußtsein der Schiller-Zeit unverkennbar die Vision des Bastillesturms heraufbeschwören mußte und sollte. Den Geist der bürgerlichen Revolution, wenn auch nicht ihrer konsequent plebejischen und jakobinischen Fraktion, atmet Schillers gesamtes Werk. Schillers Ideale sind nur der Theorie nach den »heitern Regionen« entnommen, »wo die reinen Formen wohnen«. In Wahrheit sind sie fast immer ein Ausdruck damaligen Lebens und damaliger Zeitwirklichkeit. Die Morgenröte gesellschaftlichen Anfangs und Neubeginns liegt über der Zeit, dem Leben und den idealischen Forderungen, die der Zeitgenosse Schiller an sich und die Mitwelt stellt.

Im Januar 1789 beginnt die Niederschrift des Künstler-Gedichts, am Abend des 14. Juli zieht das siegreiche Pariser Volk vom Bastilleplatz zurück zum Rathaus. Am Nachmittag des 26. Mai 1789 aber hielt der neuernannte Professor Friedrich Schiller in Jena seine Antrittsrede über das Thema: »Was heißt und zu welchem Ende studiert man Universalgeschichte?« Die Rede gehört nach wie vor zu den bedeutendsten und eigentümlichsten Prosaarbeiten Friedrich Schillers. Man hat an sich mit Recht immer wieder darauf hingewiesen, daß der eigentliche Historiker Schiller weniger in seinen großen Geschichtsstudien zu finden sei als in den Aufgliederungen und politischen Konstellationen seiner Geschichtsdramen. In Schillers Antrittsvorlesung über Sinn und Aufgaben des Geschichtsstudiums haben wir jedoch den großen spekulativen Geist *und* den Kenner des geschichtlichen Stoffes zugleich: den Humanisten Schiller *und* den realistischen Geschichtsbetrachter, der Schiller im Grunde in allen idealistischen Fragestellungen stets geblieben ist.

Mit Entrüstung unterscheidet der neuernannte Jenenser Geschichtsprofessor an diesem 26. Mai 1789 seine Wissenschafts- und Geschichtsauffassung von derjenigen eines philiströsen Brotgelehrten. Geschichtsstudium müsse auf philosophischer Grundlage beruhen: es diene menschheitlichen Zwecken. Und so sieht auch der neuernannte Professor sein eigenes Wirken eingeordnet in einen geschichtlichen Prozeß der Menschenbildung und der Menschheitsbildung. Wir wollen die Schlußsätze seiner Antrittsvorlesung hier wiederholen: »Unser *menschliches* Jahrhundert herbeizuführen, haben sich – ohne es zu wissen oder zu erzielen – alle vorhergehenden Zeitalter angestrengt. Unser sind alle Schätze, welche Fleiß und Genie, Vernunft und Erfahrung im langen Alter der Welt endlich heimgebracht haben. Aus der Geschichte erst werden Sie lernen, einen Wert auf die Güter zu legen, denen Gewohnheit und unangefochtener

Besitz so gern unsre Dankbarkeit rauben: kostbare teure Güter, an denen das Blut der Besten und Edelsten klebt, die durch die schwere Arbeit so vieler Generationen haben errungen werden müssen! Und welcher unter Ihnen, bei dem sich ein heller Geist mit einem empfindenden Herzen gattet, könnte dieser hohen Verpflichtung eingedenk sein, ohne daß sich ein stiller Wunsch in ihm regte, an das *kommende* Geschlecht die Schuld zu entrichten, die er dem vergangenen nicht mehr abtragen kann? Ein edles Verlangen muß in uns entglühen, zu dem reichen Vermächtnis von Wahrheit, Sittlichkeit und Freiheit, das wir von der Vorwelt überkamen und reich vermehrt an die Folgewelt wieder abgeben müssen, auch aus *unseren* Mitteln einen Beitrag zu legen und an dieser unvergänglichen Kette, die durch alle Menschengeschlechter sich windet, unser fliehendes Dasein zu befestigen. Wie verschieden auch die Bestimmung sei, die in der bürgerlichen Gesellschaft Sie erwartet – etwas dazusteuern können Sie alle!«

Es ist ein Dienstagnachmittag, der 26. Mai 1789, da diese Rede gehalten, dieser Schlußteil gesprochen wird. Genau sieben Wochen später, am Dienstag, dem 14. Juli 1789, wurde im Herzen von Paris die Bastille gestürmt. Allein es ist nicht bloß dieser äußere Zusammenhang, der Schillers geistige und gesellschaftliche Lage in diesem ersten halben Jahr 1789 so aufschlußreich erscheinen läßt. Es mag verwunderlich scheinen, daß gerade Gestalt und Tätigkeit des damals noch nicht dreißigjährigen Schiller als sogenannter »fruchtbarer Augenblick« gewählt wurden, um von hier aus eine Gesamtdeutung zu wagen. Es gibt äußerlich eindrucksvollere Momente in diesem Leben, die man eher hätte wählen können: die Stuttgarter Jugend etwa mit ihrer Fülle äußerer und innerer Aktion, die mit der berühmten

Flucht aus der Heimat und dem Machtbereich des Herzogs Karl Eugen abschließen sollte. Wo in der deutschen schönen Literatur versucht wurde, das Schiller-Thema mit künstlerischen Mitteln zu gestalten, wurde im allgemeinen diese Jugendgeschichte dargestellt. Thomas Mann wählte vor fünfzig Jahren, im Schiller-Jahr 1905, für seine Novelle »Schwere Stunde« einen Augenblick der mühevollen, in äußeren Schwierigkeiten und inneren Zweifeln dahinlastenden Arbeit am »Wallenstein«. In der letzten Zeit hat der in Weimar lebende Erzähler Klaus Herrman die Trennung Schillers von Charlotte von Kalb als thematische Keimzelle gewählt.
Hier aber und in dieser Stunde sei von Schiller im Jahre 1789 die Rede: im Sinne eines Rückblicks und Ausblicks. Schiller steht damals im dreißigsten Lebensjahr, und abermals in einem Prozeß tiefer Wandlung. Immer wieder haben seine Freunde und Zeitgenossen über diese Wandlungen, die rastlosen Veränderungen seines Geistes und Wesens gestaunt. Als er nach langen Jahren des Exils die Erlaubnis zum Besuch in der württembergischen Heimat erhielt, die er als Flüchtling vor Karl Eugen hatte verlassen müssen, finden die Jugendfreunde an dem Wiedergekehrten kaum etwas, was sie vertraut, als Erinnerung an gemeinsame Jugendtage, anrührte. Auch Goethe hat später von dem Freunde bekannt: »Wenn man ihn nach acht Tagen wiedersah, so fand man ihn anders und staunte und wußte nicht, wo man ihn anfassen könnte.« Allein die Wandlung, oder besser gesagt: die tiefe geistige Krise, in der wir ihn in jenem Jahr finden, das den Ausbruch der Französischen Revolution bedeutet und das zum Beispiel in der sowjetischen Geschichtswissenschaft für so bedeutungsvoll gehalten wird, daß man mit dieser Zahl 1789 in der Periodisierung das Ende des Mittelalters und den Beginn der eigent-

lichen Neuzeit zu verbinden pflegt, ist nicht so ohne weiteres den anderen geistigen Wandlungen und Schaffenskrisen in Schillers Leben gleichzustellen. Hier offenbart sich die eigentliche Tiefe der Auseinandersetzung mit der eigenen Natur, der Umwelt, den Zeitverhältnissen, die Schillers Dasein von frühester Jugend bis zum frühen Ende bestimmt haben.

Daß etwas Ungewöhnliches geschah, zeigt, von heute aus gesehen, bereits ein Blick auf Schillers Werke und ihre Entstehungszeit. Nicht mit Unrecht sehen wir – unbeschadet der Schönheit und Größe seiner Gedichte, Abhandlungen und der wenigen, aber meisterhaften Erzählungen, die er hinterlassen hat – die eigentliche künstlerische Größe Friedrich Schillers in seinem *dramatischen Schaffen*. Als Dramatiker war er in jungen Jahren hervorgetreten und berühmt geworden. Der zweiundzwanzigjährige Verfasser der »Räuber« verdankte diesem Werk die Ehrenbürgerschaft der jungen französischen Republik. Den Dichter der »Räuber«, den Tyrannengegner von gestern nunmehr im Amt eines herzoglichen Universitätsprofessors zu erblicken, waren in Jena die Studenten zur Antrittsvorlesung herbeigeeilt. Vier Werke des Dramatikers Schiller waren damals bekannt: »Die Räuber«, das republikanische Trauerspiel »Fiesco«, »Kabale und Liebe«, seit 1787 zudem noch die bei Göschen erschienene Buchausgabe des »Dom Karlos, Infant von Spanien«. Man hatte erwartet, Schiller werde weiter für die Bühne schreiben. Auch er selbst schien dazu entschlossen zu sein. In seinen »Briefen über Don Carlos« vom Jahre 1788 ist die Rede von einem neuen Dramenstoff, den wir heute nach den fragmentarischen Skizzen als das geplante Schauspiel »Die Malteser« identifizieren können. Allein das nächste wirklich vollendete, vielleicht das tiefste und bedeutendste Schiller-Drama, der »Wallenstein«, liegt erst mehr als zehn Jahre später abgeschlossen vor. Wie ist dieses Verstummen des Dramatikers zu erklären? Als Erschöpfung künstlerischer Kraft zweifellos nicht, denn in diesem Jahrzehnt entstanden einige der schönsten Schiller-Gedichte. Auch der Hinweis, Schiller habe nach der raschen, gleichsam improvisatorischen Arbeitsmethode seiner Jugendjahre nunmehr viel schwerer und langsamer arbeiten müssen, trifft nicht den Konflikt, denn gerade in seiner letzten Lebenszeit, etwa in der Arbeit an »Maria Stuart« oder der »Jungfrau von Orleans«, eigentlich auch am »Tell«, hat Schiller überaus rasch und leicht gearbeitet. Zwischen der Vollendung des »Don Carlos« und des »Wallenstein« hat sich etwas anderes eingeschoben: es war mehr fragwürdig geworden als nur die Form und Arbeitstechnik der Jugendwerke.

Schillers Auffassung von der Kunst hatte sich entscheidend gewandelt. Die Grundlage aber dieser Wandlung fand sich in einer gewandelten Auffassung von der Wirklichkeit. Nichts Geringeres ging vor, als daß Schiller der Sinn seines Tuns als Dichter, besonders als dramatischer Dichter, fragwürdig geworden war. Dieser Zweifel am Sinn seines Tuns, das war Schiller, diesem Meister künstlerischer Selbstkritik, nicht entgangen, wirkte bereits in den Kunstwerken der letzten Zeit in der Form von Rissen und inneren Brüchen. Das galt für den »Don Carlos«, der gerade als dramatisches Gedicht seinem Autor selbst als fragwürdig erschien. (Schon für die Buchausgabe von 1787 waren etwa tausend Verse gestrichen worden, und noch späterhin sehen wir Schiller bemüht, dem »Don Carlos« eine Gestalt zu geben, die seinen eigenen Ansprüchen endlich Genüge leisten sollte.) Das Gedicht »Die Künstler«, riesenhaft in seinen Ausmaßen, im

Gesamtkonzept kühner als alles, was der Dichter vorher in diesem Bereich gewagt hatte, konnte nicht als bewältigt gelten. Auch dies war Schiller nicht entgangen. Die geistige Krise hatte ihn im Werk getroffen.

Mit diesem Jahr 1789 war mehr zu Ende gegangen als bloß eine Schaffensperiode: der Konflikt, dem sich Schiller als Schöpfer und Künstler ausgeliefert sah, war überindividueller Art, das empfand er deutlich, und das hat er immer wieder in seinen Briefen und Lebenszeugnissen ausgesprochen. Es ist nicht ohne weiteres als geistige Vorwegnahme der Französischen Revolution zu bezeichnen, wenngleich es objektiv mit ihr und ihrer Entstehungsgeschichte eng zusammenhängt. Mit den *deutschen Zuständen* hing es vor allem innerlich zusammen. Die Strömung des Sturm und Drang war versiegt. Wenn wir heute das Jahr 1789 als ihr Abschlußjahr bezeichnen, so bedeutet das nur eine äußere Zäsur: der Sturm und Drang zerbrach nicht am Ausbruch der Französischen Revolution, er war vorher bereits an seinen inneren Widersprüchen und am Gegensatz zwischen seinem Wollen und dem deutschen Sein zerbrochen. Schon der junge Dichter der »Räuber« war keineswegs ein Stürmer und Dränger im Sinne des Straßburger Kreises um Herder, Goethe oder Lenz. Er war zehn Jahre jünger als Goethe und hatte die innere Zwiespältigkeit eines literarisch-politischen »Selbsthelfertums« an seiner eigenen Jugendgeschichte ablesen können. Karl Moor war bereits nicht mehr Prometheus oder Götz von Berlichingen: er war in hohem Maße deren Kritik und Widerlegung. Die Erkenntnis des Räubers Moor, »daß zwei Menschen wie ich den ganzen Bau der sittlichen Welt zugrunde richten würden«, war, darüber ließ Schiller keinen Zweifel aufkommen, als Widerlegung aller Selbsthelferaktionen gedacht.

Insofern, und nicht bloß in dieser Beziehung, waren die »Räuber« sowohl ein Werk der Revolte wie der moralisch-politischen Mahnung.
Auch »Fiesco« war ein Werk, in dem Republikanertum im Sinne altrömischer Tradition, verkörpert in der Gestalt des Verrina, in höchst merkwürdiger Weise kontrastiert wurde mit Schillers Interesse an großen politischen Taten und Gestalten, die ihn, beginnend mit der Plutarch-Lektüre seiner Jugend, ein Leben hindurch begleiten sollten. Auch der »Fiesco« aber sollte auf die Zeitgenossen in Deutschland wirken: unzweifelhaft im Sinne dessen, was Schiller für »Republikanertum« hielt. Das war mißlungen; und nach dem Mißerfolg des »Fiesco« schrieb dessen Dichter: »Republikanische Freiheit ist hierzulande ein Schall ohne Bedeutung, ein leerer Name – in den Adern der Pfälzer fließt kein römisches Blut.« Man sieht: der »Fiesco« hatte von der Bühne herab wirken, altrömische Republikaner aus den Mannheimer Theaterbesuchern formen sollen.
»Kabale und Liebe« vollends, Schillers drittes Drama, war zweifellos, wie Friedrich Engels erkannt hat, das erste deutsche Tendenzdrama im eigentlichen Sinne. Es geht nicht an, dies Werk gemäß der Tragödienkonzeption des späteren Schillers umdeuten zu wollen. Nicht der tragische Konflikt als Vertrauenskonflikt zwischen Ferdinand und Luise steht im Mittelpunkt, sondern der gesellschaftliche Konflikt zwischen bürgerlicher und höfischer Welt. Im Zusammenprall des Präsidenten von Walter mit dem Musikus Miller, in der Kammerdienerszene, in den Hintergründen dieser widerlichen deutschen Kleinfürsterei, wie sie im Getriebe um die Lady, den Hofmarschall, den Präsidenten und seinen Sekretarius Wurm sichtbar werden, ist eine konkrete Gesellschaftskritik geleistet, ein Werk der Enthüllung und Empö-

rung, wie es auf der deutschen Bühne (mit Ausnahme des »Woyzeck«) unvergleichbar dasteht. Die herrschenden und höfischen Schichten in Deutschland verstanden sehr genau, was gemeint war. Hören wir die »Königlich privilegirte Berlinische Zeitung von Staats- und gelehrten Sachen« vom 21. Juni 1784: »Es ist ekelhaft, in solchem Schillerischem Wust zu wühlen, aber man muß sich einmal schon durcharbeiten . . .« Oder: »In Wahrheit wieder einmal ein Produkt, was unsern Zeiten – Schande macht! Mit welcher Stirn kann ein Mensch doch solchen Unsinn schreiben und drucken lassen, und wie muß es in dessen Kopf und Herz aussehen, der solche Geburten seines Geistes mit Wohlgefallen betrachten kann.«

Hier war in der Tat ein Äußerstes gewagt worden. Es zeugt von Verkennung damaliger Verhältnisse, wenn gelegentlich »bedauert« wird, daß Schiller auf diesem Wege von »Kabale und Liebe« nicht fortfuhr und weiterschuf. Das war nicht möglich. Das Schauspiel der Luise Millerin bedeutete schon über die »Räuber« hinaus eine Steigerung in der gesellschaftskritischen Thematik und Schärfe. In dieser Form weiterzuschreiben, mußte notwendigerweise bedeuten, den Abstand zum deutschen Publikum und den damaligen deutschen Möglichkeiten vergrößern. Statt unmittelbarer Wirkung, wie sie »Kabale und Liebe« noch in hohem Maße zuteil wurde, wäre Entfremdung zwischen dem Dichter und der Nation die Folge gewesen. Schiller aber gedachte weiter und unmittelbar auf die Zeitgenossen zu wirken. Was ihm die Schaubühne und damit seine Tätigkeit als Dramatiker bedeutete, hat er in der berühmten Mannheimer Rede vom Jahre 1784 über »Die Schaubühne als eine moralische Anstalt betrachtet« klar mitgeteilt, wenn es da heißt: »Die Schaubühne ist mehr als jede andere öffentliche Anstalt des Staats eine Schule der praktischen Weisheit, ein Wegweiser durch das bürgerliche Leben, ein unfehlbarer Schlüssel zu den geheimsten Zugängen der menschlichen Seele.« Oder noch deutlicher an anderer Stelle. Erlauben Sie mir, in dieser Stunde die wunderbaren Sätze gleichfalls als Mahnung für die Gegenwart zu lesen: »Unmöglich kann ich hier den großen Einfluß übergehen, den eine gute stehende Bühne auf den Geist der Nation haben würde. Nationalgeist eines Volkes nenne ich die Ähnlichkeit und Übereinstimmung seiner Meinungen und Neigungen bei Gegenständen, worüber eine andere Nation anders meint und empfindet. Nur der Schaubühne ist es möglich, diese Übereinstimmung in einem hohen Grad zu bewirken, weil sie das ganze Gebiet des menschlichen Wissens durchwandert, alle Situationen des Lebens erschöpft und in alle Winkel des Herzens hinunterleuchtet; weil sie alle Stände und Klassen in sich vereinigt und den gebahntesten Weg zum Verstand und zum Herzen hat. Wenn in allen unsern Stücken *ein* Hauptzug herrschte, wenn unsre Dichter unter sich einig werden und einen festen Bund zu diesem Endzweck errichten wollten – wenn strenge Auswahl ihre Arbeiten leitete, ihr Pinsel nur Volksgegenständen sich weihte – mit einem Wort, wenn wir es erlebten, eine Nationalbühne zu haben, so würden wir auch eine Nation. Was kettete Griechenland so fest aneinander? Was zog das Volk so unwiderstehlich nach seiner Bühne? – Nichts anders als der vaterländische Inhalt der Stücke, der griechische Geist, das große überwältigende Interesse des Staats, der besseren Menschheit, das in denselbigen atmete.«

Nationale Dramatik also, Nationaltheater, Formung nationaler Gesinnung auf republikanischer politischer Grundlage: diesem Ziel sollte die Kunst des jungen Schiller dienen. Seine Dichtung war moralisch-politischer Art. Auch der »Don Carlos« war zunächst von solchem Wollen her verstanden. Der Grundplan war Gemeingut der europäischen Aufklärung, und Schiller war ein begeisterter und genauer Leser vor allem der französischen Aufklärungsliteratur. Seinen Kampf gegen den Katholizismus der Gegenreformation und ihre Anhänger hatte Voltaire bekanntlich unter dem Schlachtruf »Écrasez l'infâme!« geführt, »Zerschmettert die infame!«, die katholisch-kirchliche Hierarchie nämlich. Dieser Gedanke war gleichzeitig auch die Keimzelle zum »Don Carlos«: ein Lehrstück, wie wir heute sagen würden, über die Greuel der spanischen Inquisition war ursprünglich beabsichtigt. Daraus wurde ein ganz anderes. Die Wandlung im Konzept des »Carlos« ist bekannt: wie das Freunschaftsmotiv immer stärkere Bedeutung erhielt, wie Marquis Posa aus einer Nebenfigur zum ideellen Gegenspieler des absolutistischen Königs wurde; wie die Gestalt des Carlos plötzlich zwischen Philipp und Posa der eigentlichen geistigen Funktion entbehren mußte, wie Philipp aus einem Gegenstand des Abscheus immer stärker in die Region der großen tragödienhaften Erschütterung hineinwuchs. Aus all dem war nun ein Gebilde entstanden, das jeden Spielleiter in nicht geringe Verlegenheit versetzen muß. Er kann den »Don Carlos« weder auf den Grundentwurf des Anti-Inquisitionsstücks zurückführen, noch sich mit der politischen Irrealität von Posas Postulaten scheinbar naiv identifizieren. So ist der »Don Carlos« beides und beides nicht: ein Werk moralischer Warnung vor fürstlichem Absolutismus oder kirchlicher Inquisition – und eine politische Tragödie, die zwischen Spieler und Gegenspieler eine Parteinahme des Autors vermeidet. Man geht aber nicht fehl, erblickt man in dieser tiefen Unentschiedenheit gleichzeitig eine Erkenntnis und eine künstlerische Ehrlichkeit des »Carlos«-Dichters, sich selbst und seinen deutschen Zeitgenossen gegenüber. Durch die Schaubühne allein, durch die moralisch-politische Erziehung war der Zustand der deutschen Nation offenbar nicht zu ändern. Ein Wirken aber auf die Menschen und die Nation: das blieb weiterhin Schillers Absicht, darin sah er nach wie vor die Hauptaufgabe seines Künstlertums.

So kommt es zu der großen Krise, die mit der Vollendung oder scheinbaren Vollendung des »Carlos« einsetzt und auch die Grundkonzeption des Künstler-Gedichts bestimmt und geprägt hat.

Es ist also nicht bloß das Streben nach einem Brotberuf, was Schiller nach den Enttäuschungen der Mannheimer Jahre und den mancherlei Demütigungen trotz vieler empfangener Freundschaft in Gohlis, Dresden, Loschwitz oder Bauerbach dazu veranlaßte, die Kunst mit der Wissenschaft zu vertauschen, das Amt des Dramatikers mit jenem des Historikers. Die Berufung als Professor in Jena ist auch nicht das Ziel seiner historischen Studien, sondern deren Folge. In dem Nebeneinander einer neuen Bemühung um die geistige Grundlegung seines künstlerischen Schaffens *und* einer wissenschaftlichen Beschäftigung mit der Universalgeschichte offenbart sich die Tiefe der Krise.

Man hat es gern so dargestellt, als habe Schiller damals die Kunst aufgegeben und sich der Wissenschaft zugewandt: der Geschichtswissenschaft zuerst, dann der Philosophie. Davon kann, wenn wir die Zusammenhänge betrachten, gar keine Rede sein. Nie hatte Schiller ernstlich die Absicht, als Künstler abzudanken. Gerade jene Epoche der Zuwendung zur Geschichte bringt gleichzeitig höchst charakteristische Werke seiner Gedankenlyrik hervor. Es ist gleichfalls nicht so, als habe Schiller erst später die Historiographie gegen die Philosophie eingetauscht. Schiller ist seit seinen Anfängen ein eminent philosophischer Denker und philosophierender Künstler. Er vertauscht zu Beginn der neunziger Jahre die Wolffische Popularphilosophie gegen die Philosophie des Kantischen Kritizismus: das bedeutet einen Wechsel des philosophischen Systems, aber keineswegs bedeutet es die Entdeckung der Philosophie. Auch die Beziehung zwischen Geschichtswissenschaft und Philosophie kann man nicht als ein Nacheinander literaturgeschichtlicher Etappen verstehen: in viel höherem Maße gibt es auch hier ein Nebeneinander, dialektische Gleichzeitigkeit. Das Gedicht »Die Künstler« *und* die Antrittsrede über das Studium der Universalgeschichte sind zeitlich und geistig einer einzigen Lebenssituation zugeordnet. Gerade darum ist diese Stunde in Schillers Entwicklung so besonders fruchtbar.

Dichtung, Philosophie, Geschichtswissenschaft als drei Momente *einer* geistigen Totalität: so stellt sich die Aufgabe, die Schiller nach eigenem Plan und schwerer Lebens- wie Kunsterfahrung zu bestehen gedachte. Man hat vor dieser Weiterentwicklung des späteren Friedrich Schiller oft gefragt, warum er sich nach der Wiedergeburt als Dramatiker durch die Arbeit am »Wallenstein« mit solcher Ausschließlichkeit der Gattung der *Tragödie* zugewandt habe. Allein man sollte, wie mir scheint, diese Frage nicht von jener anderen nach Schillers Beziehung zur Geschichte trennen, denn mit Ausnahme der »Braut von Messina« gehören Schillers spätere Dramen ausschließlich zum Bereich der *historischen Dramatik*. Es geht ferner nicht an, Schillers Arbeit als Universitätshistoriker scharf gegen sein Geschichtsstudium als Dramatiker abzusetzen: in Wirklichkeit

erfüllte sich in den historischen Dramen, vom »Wallenstein« bis zum »Demetrius«, auch ein Resultat, das sich der Historiker Schiller errungen zu haben glaubte.
Die Geschichte sollte ihm zu einer neuen Grundlegung seiner Dramatik verhelfen, nachdem die Sturm- und Drang-Position unhaltbar geworden war. Die Philosophie sollte zu einer neuen Auffassung von der Kunst führen, nachdem die moralische Funktion der Kunst als irreal aufgegeben werden mußte. Schiller bemüht sich also, *den Gedanken in zwei Richtungen vorwärtszutreiben*, um dann das Ergebnis dieses Gedankens wieder in künstlerische Praxis, in Kunstwerke, umzusetzen. Diese Gleichzeitigkeit der Beschäftigung mit spekulativer Philosophie *und* geschichtlicher Empirie entspricht einer besonderen Eigentümlichkeit der Schillerischen Begabung. Sie mußte sich mit Notwendigkeit in starken Widersprüchen des Schaffensprozesses ausdrücken, bedeutete aber gleichzeitig auch eine Garantie gegen die Einseitigkeit: einerseits des reinen Empirikers, andererseits der abstrakten philosophischen Spekulation.
Schiller war sich dieser Eigenart seiner Begabung und auch der Widersprüche seines Künstlertums genau bewußt. Bereits in dem berühmten Brief vom 31. August 1794, in dem er Goethe, auf dessen Anregung hin, eine skizzenhafte Selbstcharakteristik unterbreitet hatte, stehen die merkwürdigen Sätze: »*Mein* Verstand wirkt eigentlich mehr symbolisierend, und so schwebe ich, als eine Zwitterart zwischen dem Begriff und der Anschauung, zwischen der Regel und der Empfindung, zwischem dem technischen Kopf und dem Genie.« Und weiter: »Dies ist es, was mir, besonders in früheren Jahren, sowohl auf dem Felde der Spekulation als der Dichtkunst ein ziemlich linkisches An-

sehen gegeben; denn gewöhnlich übereilte mich der Poet, wo ich philosophieren sollte, und der philosophische Geist, wo ich dichten wollte.« Um diesen Widerspruch zwischen seinem philosophischen Idealismus und seinem nach lebensvoller Gestaltung drängenden Künstlertum zu lösen, suchte Schiller einen Standort gleichsam *zwischen* dem, was er unter »Ideal«, – und dem, was er unter »Leben« verstand. Der Standort sollte gleich weit entfernt sein von allen abstrakten idealistischen Spekulationen wie von den Exzessen einer wirklichkeitstrunkenen Einbildungskraft, aus denen einstmals die »Räuber« entstanden waren.

Wo aber ihn finden, diesen Standort zwischen kantianischem Ideal und realistischem Kunstschaffen? Schiller glaubte ihn in der Geschichte gefunden zu haben. Insofern ist er bis an sein Lebensende diesem Denkresultat treu geblieben, als er im *geschichtlichen Drama* für sich den Standort gefunden zu haben glaubte, der auch ihm, dem sentimentalischen Künstler von Genie, die Möglichkeit bot, Ebenbürtiges neben Goethes angeblich naives Dichtertum zu stellen. Auch hier kann man Schillers Meisterschaft in der Anwendung künstlerischer Selbstkritik bewundern. Es läßt sich auch heute schwerlich Prägnanteres über die Eigentümlichkeit seiner Begabung und die Grundkonzeption seiner großen historischen Dramen seit dem »Wallenstein« sagen, als er selbst am 5. Januar 1798, wiederum an Goethe, niedergeschrieben hat: »Ich werde es mir gesagt sein lassen, keine andre als historische Stoffe zu wählen, frei erfundene würden meine Klippe sein. Es ist eine ganz andere Operation, das Realistische zu idealisieren, als das Ideale zu realisieren, und letzteres ist der eigentliche Fall bei freien Fiktionen. Es steht in meinem Vermögen, eine gegebene bestimmte und beschränkte Materie zu beleben, zu erwär-

men und gleichsam aufquellen zu machen, während daß die objektive Bestimmtheit eines solchen Stoffes meine Phantasie zügelt und meiner Willkür widersteht.«
Darum wohl hat Schiller nach der Rückkehr zum dramatischen Dichtertum darauf verzichtet, noch einmal Gegenwartsdramatik im Sinne der »Räuber« oder von »Kabale und Liebe« zu schaffen. Das ist der Grund, warum er den Bogen vom vierzehnten bis zum siebzehnten Jahrhundert spannte, vom Kampf der Eidgenossen gegen das Haus Habsburg bis zu Wallensteins Empörung gegen dieses gleiche Dynastengeschlecht, während er ernstlich keinen Stoff mehr zu ergreifen gedachte, der – selbst als ein historischer – in allzu starker Beziehung zu Themen seines eigenen Jahrhunderts, des achtzehnten, stehen mußte. Allein dies ist nur die eine Seite der historischen Dramatik des späten Schiller. Die andere besteht darin, daß er in diesen Werken, vielleicht mit Ausnahme der »Maria Stuart«, gewiß aber im »Wallenstein«, in der »Jungfrau von Orléans« und im »Tell«, bei aller Geschichtlichkeit des Stoffes dennoch Gegenwartsthemen für die deutsche Nation und seine deutschen Zeitgenossen auf die Bühne brachte. So auch wurden die Werke verstanden; ihr ungeheurer und unmittelbarer Publikumserfolg wäre sonst undenkbar. Themen vom dreizehnten bis zum siebzehnten Jahrhundert; schweizerische, englische, französische, russische Historie; der »Wallenstein« als deutscher Stoff gleichzeitig vermengt mit gesamteuropäischen Machtproblemen aller Art. Dennoch: der zeitliche und nationale Rahmen täuschte niemand und sollte auch niemand täuschen. Schiller hatte es verstanden, um es mit seinen eigenen Worten zu wiederholen, diese nach Jahrhundert und Nationalität scheinbar so entlegene Materie »zu beleben, zu erwärmen und gleichsam aufquel-

len zu machen«. So entstand in einer Weise, die unwiederholbar und einzigartig geblieben ist (vielleicht mit Ausnahme von »Dantons Tod«), deutsche Gegenwartsdramatik der damaligen Zeit in der Form eines historischen Dramas.

Genau dies hatte Schiller gewollt. Auch hier sind die Grenzen unverkennbar, denn diese historische Dramatik sollte zwar auf die Zeitgenossen wirken, aber nicht in einem unmittelbaren moralisch-politischen Sinne, sondern mittelbar politisch: *auf dem Umweg über die Ästhetik*. So hat es Schiller immer wieder in seinen späteren Gedichten postuliert; am merkwürdigsten, gleichzeitig schroff und resignierend, in dem Gedicht »An die Freunde« aus dem Jahre 1802, wo er – abermals wie stets in diesen letzten Lebensjahren beschäftigt mit der Frage nach der möglichen historischen Mission des deutschen Volkes trotz aller augenblicksgegebenen politischen Ohnmacht – gleichsam resignierend darauf verzichtet, dem deutschen Volke einen Wettstreit mit den von der Natur begünstigten südlichen Völkern oder dem von Glück und Geschichte begünstigten reichen Britenvolk zu empfehlen. Hier spürt man deutsche Misere; aber auch leidenschaftlicher Glaube an die geistig-künstlerischen Möglichkeiten der deutschen Nation schwingt in den Versen der Selbstbescheidung und der Aufgabenstellung:

Größres mag sich anderswo begeben
Als bei uns in unserm kleinen Leben,
Neues – hat die Sonne nie gesehn.
Sehn wir doch das Große aller Zeiten
Auf den Brettern, die die Welt bedeuten,
Sinnvoll, still an uns vorübergehn.

Es ist nicht Selbstbescheidung des Künstlers, der für sich einen Ausgleich anstreben muß zwischen Denkkraft und Gestaltungskraft; es ist nicht nur die Suche nach dem festen Standort, den die Geschichte zwischen idealischer Forderung und Zeitgeschehen vermitteln soll: es ist auch und in stärkerem Maße in Schillers letzter Lebenszeit der Kampf eines deutschen Künstlers mit der deutschen Misere. Schillers letztes Lebensjahrzehnt, das vom Frieden zu Basel im Jahre 1795, der zuerst, wie wir heute sagen würden, die Koexistenz zwischen der jungen französischen Republik und den alten europäischen Herrscherhäusern statuiert hatte, fast bis an den Zusammenbruch des Heiligen Römischen Reiches Deutscher Nation, den Verlust des linken Rheinufers und die französische Vasallengründung des Rheinbundes heranführte, mußte es einem bürgerlichen und nationalen Künstler unsäglich schwer machen, den Glauben an die deutsche Nation und ihre Zukunft nicht zu verlieren. Schiller hat ihn niemals verloren. Merkwürdige Dialektik: gerade das Studium der Geschichte gab ihm den Blick frei für die schöpferischen Möglichkeiten einer Nation, die in ihr auch dann schlummern und geweckt werden können, wenn diese Nation in ihrem äußeren Geschick fast hoffnungslos darniederliegt. Was die Geschichte ihn lehrte, gab er auf dem Wege über die Schaubühne als Lehre an seine Deutschen weiter: die Befreiungstat der Jungfrau von Orléans in einem Augenblick höchster Not; die gewaltige Peripetie von der Zwingherrschaft österreichischer Landvögte zur Selbstbefreiung der Eidgenossen. Auch hier hatte Schiller in der Geschichte einen Standpunkt gefunden, der es möglich machte, die Schaubühne abermals – nach dem Scheitern der dramatischen Möglichkeiten des Sturm und Drang, nach dem Umweg über die ästhetische

Erziehung – in einem neuen Sinne zur »moralischen Anstalt« zu machen: *zum Schauplatz nationaler Bildung und Gesinnung.* Wir wissen nicht, wie Schiller seinen Weg vollendet hätte, wäre ihm längere Lebenszeit vergönnt gewesen. Es ist dies auch eine abstrakte, eine müßige Frage. Daß der »Wilhelm Tell« kein Zufall und ephemeres Zwischenspiel bleiben sollte, beweist das »Demetrius«-Fragment, das Schiller hinterlassen hat und dessen Grundanlage gleichfalls dem Thema nationaler Einheit und Befreiung gewidmet ist. Es kann nicht die Aufgabe dieser Rede und dieser Stunde sein, ein Lebensbild Schillers zu entwerfen oder gar das nach wie vor unausschöpfbare Lebenswerk des Künstlers und Denkers in einige dürre Formeln zu pressen. Dazu war Schiller zu lebensvoll, dazu ist er zu lebendig. Die Widersprüche auch in seinen schönsten Werken liegen klar vor Augen: es sind immer wieder Brüchigkeiten und Gegensätze, die sich aus dem Konflikt einer sittlichen Persönlichkeit, eines leidenschaftlichen Menschheitserziehers mit dem Faulenden und Kümmerlichen in den Zeitverhältnissen ergaben. Schiller sah diese Unzulänglichkeiten, er kannte die deutsche Misere, denn er hat fast sechsundvierzig Lebensjahre in ihr zubringen müssen. Seine Ideale sind nicht Ausgeburten weltfremder Spintisiererei oder grundloser Phantastik, wie so oft bei Romantikern, die Schiller haßte und die es ihm mit Zinsen vergolten haben: Schiller war ein überaus weltgewandter, lebenserfahrener Mann: unter glücklicheren deutschen Verhältnissen hätte er alle Möglichkeiten zu einem großen Staatsmann oder Diplomaten gehabt. Seine Briefe, besonders seine Werbebriefe, sind Meisterwerke der Lebensklugheit und der Menschenkenntnis. Schillers Ideale sind Forderungen an den Menschen. Alle Dualismen des Kantianers, alle schroffen Antinomien von

Sinnenglück und Seelenfrieden, Anmut und Würde, Glück und Würde, Freiheit und Notwendigkeit werden immer wieder ins Realistische, menschlich Begreifbare zurückgelenkt, und damit eigentlich als Antinomien aufgehoben. Jedesmal aber setzt das Geschichtsbewußtsein des Aufklärers Schiller ein, um den Menschen das große Wegziel sichtbar zu machen. Darum ist ein Gedicht wie »Der Spaziergang« so erschütternd: weil hier ein kulturhistorisches Freskogemälde entworfen ist, ohne daß die grausigen Züge damaliger Gegenwart und Zukunft verschwiegen würden, doch so, daß das Prinzip Hoffnung dadurch nicht geschmälert, sondern gefestigt wird.

Wir schauen zurück. Hundertfünfzig Jahre sind vergangen seit jenem Tage, da Friedrich Schiller den Geist aufgab, jenen mutigen Geist, der – schließlich doch vergeblich – versucht hatte, sich den Körper zu bauen; der dem Körper erlag, aber nicht, bevor er nicht das Körperliche gleichsam bis zur letzten Substanz verbraucht und in den Dienst des Werkes gestellt hatte. *War Schiller glücklich?* Die Frage darf gestellt werden, aber sie ist zugleich wohl auch beantwortet durch einen Mann, der Glück und Würde als *Gegensätze* empfand und der die Würde als sein Teil wählte. Schillers Gedicht, das den Titel »Das Glück« trägt, kündet nicht von Goethe-Gedanken einer Verkettung von »Glück und Verdienst«, sondern sieht im »Glück« das schlechthin Verdienstlose, um nicht zu sagen: das Unethische. Goethe selbst hat bekanntlich höchst skeptisch über die wahrhaft glücklichen Stunden seines eigenen Lebens geurteilt. Von Schiller aber heißt es im Epilog zu Schillers »Glocke«:

So feiert Ihn! Denn, was dem Mann das Leben
Nur halb erteilt, soll ganz die Nachwelt geben.

Die Nachwelt ... Sie hat Friedrich Schiller unendlichen Ruhm bereitet. Es ist müßig, danach zu fragen, wie Friedrich Schiller in der Stunde der Befreiungskriege geurteilt oder gewirkt hätte. Er hat unermeßlich gewirkt. Übrigens auch Goethe: jenseits aller Frage nach Goethes »positiver« oder »negativer« Rolle in diesem Krieg deutscher Selbstbehauptung. Die jungen Menschen, die damals auszogen, besaßen Nationalstolz. Die jüngste deutsche Geschichte hatte ihnen wenig Anlaß dazu gegeben. Man konnte nicht stolz sein auf Friedrich Wilhelm III. von Preußen oder den »guten Kaiser Franz« in Wien oder auf die Duodezmonarchen, die man in Erfurt vor Napoleon antichambrieren sah. Nationalstolz besaß die deutsche Jugend, wenn sie an Deutschlands große Dichter, Künstler und Denker dachte, an Lessing und Herder, Gluck und Mozart, Winckelmann und Kant, an Wieland und Jean Paul, an Fichte und Hegel, an Schiller und Goethe. Vielleicht wurde Schiller damals unter all diesen am meisten geliebt und verstanden. Neben der Ereignisfülle seines kurzen schweren Lebens, neben der Werkfülle, die dieser Lebenssubstanz im Kampf abgewonnen wurde, war es vor allem die sittliche Größe des Mannes, die ungeheure Forderung, die er an sich und an den Menschen seiner Zeit und der Zukunft gestellt hatte. Goethe hat sich selbst später, im Vergleich mit Schiller, gleichsam als allzu erdhaft empfunden. Man sei Schillers nicht würdig, wenn man ihn nicht ehre und verehre, hatte er zürnend der Schwiegertochter geantwortet. Es war nicht affektierte Bescheidenheit, sondern tiefe Überzeugung, die ihn, bei einem Vergleich mit Schillers sittlicher Größe, die Verse prägen ließ:

Indessen schritt sein Geist gewaltig fort
Ins Ewige des Wahren, Guten, Schönen,
Und hinter ihm, in wesenlosem Scheine,
Lag, was uns alle bändigt, das Gemeine.

Sieg des Geistes über Körpernot, Lebensungunst und Glücklosigkeit: darin sah die Nachwelt immer wieder, und sicherlich nicht zu Unrecht, Schillers besonderes Vermächtnis. So konnte *Beethoven* keines anderen Verse brauchen, als es galt, die Neunte Sinfonie würdig zu beschließen. *Per aspera ad astra:* wie in der Fünften Sinfonie, wie in der »Egmont«-Ouvertüre, wie im »Fidelio«, so sollte auch der große sinfonische Kampf der Neunten Sinfonie beschlossen werden. Der orchestrale Bereich erwies sich als zu eng: Beethoven gedachte ihn zu sprengen. Das große Gedicht aber, das hier mit dem Ton zu einheitlicher Aussage verschmelzen sollte, war nur als Dichtung Schillers möglich.

So ist etwas entstanden, aus Beethoven und Schiller, was mit Schillers wirklichem Gedicht, dem »Lied an die Freude«, das er im Sommer 1785 in Gohlis konzipiert hatte, wenig zu tun hat. Schillers Hymnus kündet nicht von Kampf und Sieg: das Gedicht reißt den Vorhang weg vor einer Welt, in der sich, wie auf einem großen Renaissancegemälde, Christliches und Heidnisches, Diesseits und Jenseits zur Einheit zusammengefunden haben, wo gleichsam *eine Hierarchie menschlicher Sympathiegefühle* verkündet wird. Freude: das ist gleichzeitig auf der untersten Stufe, derjenigen Calibans, die reine Triebhaftigkeit; Freude: das ist aber auch, im Sinne Spinozas, *amor dei.* Zwei Verszeilen fassen die äußersten Enden dieses Baus zusammen:

Wollust ward dem Wurm gegeben,
Und der Cherub steht vor Gott.

Nicht das, so nicht, hatte Beethoven komponiert, wenngleich die beiden Mittelsätze der Neunten Sinfonie durchaus als Kontrast himmlischer und irdischer Liebe verstanden werden können. Beethoven hatte nicht Schillers Dichtung an die Freude komponiert, er vermochte nur einzelne Versgruppen für sich dienstbar zu machen. Aber in einem tiefen Sinne wurde es schließlich doch, wenn auch nicht eine tonsetzerische Ausdeutung *dieses* Schiller-Gedichts, aber ein Gesamtgebilde, das durchaus Schillerischen Geist atmet und der Ausmaße Friedrich Schillers würdig ist.
Mit dem Ende der Goethe-Zeit, dem Ablauf also der »Kunstperiode«, wie sie Heinrich Heine genannt hat, ändert sich die Haltung der neuen Literaturgeneration zu Friedrich Schiller. Das sogenannte »Junge Deutschland« steht literarisch und politisch einigermaßen distanziert zur Ästhetik und zur Kunstleistung der deutschen Klassik, ganz zu schweigen von dem weitgehend kritisch-negativen Verhältnis zur deutschen Romantik. Heine und Börne, Georg Büchner oder Nikolaus Lenau, erst recht natürlich kleinere Gestalten wie Gutzkow und Wienbarg, sind in aller Bewußtheit politische Dichter: ihr Werk ist erfüllt vom Gedanken der nationalen und demokratischen Einigungsbewegung in Deutschland, wobei Gedankenelemente des utopischen Sozialismus bereits bei ihnen wirksam wurden. In dieser neuen geschichtlichen Konstellation blickt man zu Schiller zurück – und sucht seine Hoffnungen auf Umerziehung des Menschen und besonders des Deutschen mit Hilfe der Ästhetik, oder besser: auf dem Wege über das Kunsterlebnis, als Schrulle oder gar als politische Ausflucht abzutun. *Georg Büchner* vor allem steht überaus kritisch nicht bloß zu Schillers Kunstauffassung, wie er sie zu verstehen glaubt, sondern auch zum Dramentyp, wie ihn Schiller

geschaffen hatte. Allerdings verwechselt er dabei häufig Schiller mit den Schiller-Epigonen; im übrigen denkt Büchner, seiner Herkunft nach Naturwissenschaftler und Mediziner, nicht im eigentlichen Sinne historisch. Er vermag nicht zu erkennen, wie sehr Schillers Dramatik und Dramaturgie einer bestimmten Stufe der geschichtlichen Entwicklung entsprochen haben, und daß auch Schiller vermutlich, hätte er länger gelebt, zu anderen Einsichten gelangt wäre. Für Büchner ist Schiller eine Art wirklichkeitsferner, idealistischer Träumer geworden: nichts entspricht weniger dem Charakter und Lebenslauf des wirklichen Friedrich Schiller als dieses Zerrbild. Im Gegenteil überraschen den heutigen Leser, der die Gedankenwelt des jungen Schiller mit jener des jungen Büchner vergleicht, des »Räuber«-Dichters mit jener des »Danton«-Dichters, immer wieder die erstaunlichen Ähnlichkeiten in Gedankengang und sprachlichem Ausdruck.
Mochte Schillers Bild in jener Zeit des Vormärz in ähnlicher Weise, wie er das im Prolog zum »Wallenstein« von seinem Helden einbekannt hat, von der Parteien Gunst und Haß umstritten sein, so war es auch hier ein Schwanken zwischen Gunst und Haß. Der negativen Haltung Büchners, Hebbels, erst recht der kleinlichen Schiller-Nörgelei eines Otto Ludwig stand nach wie vor die liebende Treue so vieler Deutscher entgegen. Robert Blum, der für die Revolution sein Leben lassen sollte, war ein begeisterter Schillerianer: sein Name bleibt mit der Geschichte der Schiller-Verehrung in unserer Stadt unlöslich verbunden.
Was Schiller, jenseits aller literarischen Auseinandersetzung der neuen Dichter- und Ästhetikergeneration mit der deutschen Klassik, als Gefühls- und Geisteswert für die Nation bedeutete, wurde in großartiger und wohl für die meisten

damals Lebenden überraschender Weise offenbar im Schiller-Jahr 1859. Als sei ein sonnenhaftes Gestirn über Deutschland aufgegangen, um die Erstarrung zu lösen, die sich ein Jahrzehnt lang seit der Niederlage der deutschen Revolution über die Herzen gelegt hatte, fand sich zur Hundertjahr-Feier seiner Geburt in Schillers Zeichen alles zusammen, was in Deutschland entschlossen war, am großen Traum von der geeinten Nation festzuhalten. Nun war man auf einmal auch wieder imstande, die nationale und damit politische Bedeutung großer Kunst zu erkennen – und damit wieder zu ahnen, sehr im Gegensatz zu den einstigen Jungdeutschen, welch großes *politisches* Konzept in Schillers Auffassung von der Kunst und vom Ideal des Wahren, Guten und Schönen verborgen war. Am schönsten hat diese nationale Bedeutung deutscher Poesie, also deutscher Sprachkunst, demonstriert an Schillers Beispiel, der große deutsche Sprachforscher *Jakob Grimm* in seiner Schiller-Rede von 1859 ausgesprochen. Hören wir auch diese Sätze, die uns zeitgemäß anmuten und anmuten sollen: »Wer die Geschichte durchforscht, muß die Poesie als einen der mächtigsten Hebel zur Erhöhung des Menschengeschlechts, ja als wesentliches Erfordernis für dessen Aufschwung anerkennen. Denn wenn jedes Volkes eigentümliche Sprache der Stamm ist, an dem alle seine innersten Kennzeichen sich dartun und entfalten, so geht ihm erst in der Dichtung die Blüte seines Wachstums und Gedeihens auf. Poesie ist das, wodurch uns unsere Sprache nicht nur lieb und teuer, sondern woran sie uns auch fein und zart wird, ein sich auf sie niedersetzender geistiger Duft. Eines Volkes Sprache, welchem keine Dichter auferstanden sind, stockt und beginnt allmählich zu welken, wie das Volk selbst, dem solche Begeisterung nicht zuteil ward, zurückgesetzt und ohnmächtig erscheint gegenüber den anderen sich daran erfreuenden. Der einzelne Dichter ist es also, in dem sich die volle Natur des Volks, welchem er angehört, ausdrückt, gleichsam einfleischt, als dessen Genius ihn die Nachwelt anschauen wird, auf den wir Mitlebenden aber schon mit den Fingern zeigen, weil er unsere Herzen gerührt, unseren Gedanken Wärme und kühlenden Schatten verliehen, einen des Lebens Geheimnisse aufdrehenden Schlüssel gereicht hat.«

Mit dem Eintritt in das Stadium des Imperialismus wandelte sich die Haltung des deutschen Bürgertums und seiner literarischen Wortführer zu Schiller. Einerseits blieb er das Lieblingsobjekt für Zitate, die man bei Festreden und Kaisergeburtstagsfeiern wiederholte, um dem selbsterhobenen Anspruch, ein »Volk der Denker und Dichter« zu sein, gerecht zu werden. Schiller wurde verfälscht und gleichsam zum Vorläufer des Hohenzollerntums und des kriegerischen deutschen Nationalismus gemacht. Sein Appell zur gerechten Vaterlandsverteidigung wurde für die ungerechten Aggressionsziele des Imperialismus mißbraucht. Gerade dagegen hatte sich Franz Mehring in seinem Schiller-Buch von 1905 gewandt, und mit Recht, wenngleich die damalige historische Perspektive ihn zu manchen Ungerechtigkeiten im einzelnen veranlassen sollte. Auf der anderen Seite aber ist es eigentümlich, daß Schillers demokratisches Pathos und seine humanistische Gesinnung den eigentlichen Ideologen des Imperialismus unbequem werden, so daß man sich damit hilft, Schiller zu bewitzeln und als Museumsgegenstand beiseite zu schieben. Die Hauptarbeit leistete auch hier Friedrich Nietzsche. Mit einem billigen Wortwitz bezeichnet er Friedrich Schiller als den »Moraltrompeter von Säckingen«. In der Tat, wenn wir mit

Friedrich Schillers Namen die Morgenfrühe deutscher bürgerlicher und nationaler Literatur verbinden, so bedeutet Friedrich Nietzsche – das haben die Erfahrungen der letzten Jahrzehnte allzu deutlich bestätigt – den Inbegriff von Abstieg und Abkehr der Bürgerwelt von ihren eigenen einstigen Werten und Losungen. Darum ist es unmöglich, wie das Karl Jaspers vor einigen Jahren gefordert hat, sich zu einer deutschen Tradition zu bekennen, die gleichzeitig Goethe *und* Nietzsche umfasse. Diese Gleichung wird nicht aufgehen: es wäre eine Gleichung aus Aufstieg und Abstieg, aus Anfang und Ende, Fortschritt und Rückschritt. Und für die Zusammenfügung der Namen Friedrich Schiller und Friedrich Nietzsche muß das gleiche gelten.

Und wir? Wir haben erlebt, was es in der Wirklichkeit bedeutet: bürgerliche Endzeit, oder überhaupt Endzeit einer Klasse. Wir wissen, was mit der Erkenntnis von Karl Marx gemeint ist, daß es in der Geschichte bisher noch keine Klasse gegeben hätte, die freiwillig abgetreten wäre. Hunderfünfzig Jahre nach Schillers Tod steht die Welt zwischen den beiden Leitbildern unermeßlicher künftiger Emanzipation und Höherentwicklung des Menschen – und dem Verschwinden der Menschheit von diesem Planeten, wenn nicht gar – auch das scheint wissenschaftliche Möglichkeit geworden zu sein – zusammen mit diesem Planeten. Man spricht gern und etwas herablassend manchmal bei uns die Frage aus: Wie stehen wir heute zu Schiller? Vielleicht sollten wir solchen Fragen mit der wesentlich bescheideneren und gar nicht unberechtigten Gegenfrage antworten: *Wie stehen wir heute vor Schiller?* Den Dichtern unserer Zeit würde es nicht leicht sein, beim Anblick des Heute und beim Rückblick auch nur um zehn Jahre, bei der

Erinnerung etwa an das hundertvierzigste Jahr nach Schillers Tod, an den 9. Mai 1945, in jenem strahlenden C-Dur das Bild des Menschen, die Schönheit des Menschen mit seinem Palmenzweige, mit aufgeschlossenem Sinn, mit Geistesfülle als des reifsten Sohnes der Zeit zu besingen. Gliche der heutige Dichter, gliche ein Dichter, der damals die Wirklichkeit sah, die Wirklichkeit des Frühsommers 1945, nicht weit eher der klagenden Göttin Ceres in Schillers Gedicht »Das eleusische Fest«:

> Ja, so weit sie wandernd kreiste,
> Fand sie Elend überall,
> Und in ihrem großen Geiste
> Jammert sie des Menschen Fall.

Mußte man nicht weiterzitieren, gleichsam im Kontrapunkt zu den Versen, die wir unserer Rede vorangestellt hatten? Mußte nicht die ganze heutige Menschheit in die Klage der Ceres einstimmen, als sich auf dem Ettersberg, oberhalb von Weimar, in Goethes Buchenwalde, das Tor zur Freiheit öffnete und ausgemergelte, kaum noch menschenähnliche Gerippe, gleich den Gefangenen im »Fidelio«, ans Licht und in die Freiheit wankten. Mußte es damals nicht heißen:

> Find ich so den Menschen wieder,
> Dem wir unser Bild geliehn,
> Dessen schöngestalte Glieder
> Droben im Olympus blühn?
> Gaben wir ihm zum Besitze
> Nicht der Erde Götterschoß,
> Und auf seinem Königsitze
> Schweift er elend, heimatlos?

Man hat manchmal in spätbürgerlicher Skepsis behauptet, das deutsche Volk habe wenig Anlaß, von sich als einem »Volk der Dichter und Denker« zu sprechen. In Wirklichkeit seien die großen deutschen Künstler und Denker, den Kranichen gleich, in gewaltiger Höhe über das Volk dahinflogen: das ihnen vielleicht gelegentlich nachschaute, um dann zu seinem Tagewerk zurückzukehren. Allein das ist unwahr. Alle Erfahrung der Geschichte zeigt, daß sich große Kunst, großes Denken nur auf der Grundlage eines gesunden Volkes zu verwirklichen vermag und daß vor allem der Dichter, wie wir eben erst durch Jakob Grimm erfahren haben, kein anderes Mittel besitzt als die Sprache, die seines Volkes Sprache ist und bleibt. Und überdies gibt es ein Gegenbild. Es gibt auch die *Kraniche des Ibykus*. Ihr Erscheinen und ihr Flug kann ungeheuer bedeutsam, verändernd wirken, die Szene kann zum Tribunal werden, sie können, die Kraniche, der Entwicklung, der Gerechtigkeit und der Wahrheit zum Siege verhelfen.

Nein, ein Mensch und Künstler wie Schiller ist nicht über unser Volk dahingeschwebt, ohne daß sich etwas in diesem Volk geändert hätte. Das beweist die Vergangenheit, beweisen die hundertfünfzig Jahre seit seinem Entschwinden. Auch unser Schiller-Jahr 1955 möge dazu helfen, daß wieder sichtbar werde, was und wieviel an gutem und bestem Deutschtum bei uns lebendig ist. Im Aufblick zur reinen Größe dieses Mannes möge auch in uns das Gefühl erglühen, daß wir nicht bloß Dankbarkeit schuldig sind, sondern daß die höchste Dankbarkeit darin besteht, dafür zu sorgen, *daß das Bild des Menschen, das Schiller so groß gesehen und gezeichnet hat, nicht durch uns und unsere Taten verdunkelt werde.* Diese Art aber des Schiller-Gedenkens wird und muß uns allen möglich sein. Hören wir abermals und nun im Sinne

des unmittelbaren Anrufs an einen jeden von uns jene Sätze aus der Jenaer Rede über das Studium der Universalgeschichte: »Und welcher unter Ihnen, bei dem sich ein heller Geist mit einem empfindenden Herzen gattet, könnte dieser hohen Verpflichtung eingedenk sein, ohne daß sich ein stiller Wunsch in ihm regte, an das *kommende* Geschlecht die Schuld zu entrichten, die er dem vergangenen nicht mehr abtragen kann?« Wiederholen wir für uns jenen Vers des Goethischen Nachrufs in der Form des Imperativs, wenn wir sagen: »Die Welt verdank ihm, was er sie gelehrt!«
Wir sind hier versammelt, um Schillers zu gedenken. Wie könnten wir es besser tun als im Bemühen, jeder für sich in seinem Leben, und wir alle gemeinsam in unserem Leben als Menschen des gleichen Volkes und der gleichen Sprache, und als Mitstrebende einer großen Weltgemeinschaft des guten Willens, die Würde des Menschen vor dem Versinken zu bewahren. Damit das Menschenbild rein bleibe, damit die Möglichkeit menschlicher Zukunft, wie sie Schiller gesehen hat, zur Wirklichkeit werde. Damit die Hoffnung sich erfülle. Denn:

Es ist kein leerer schmeichelnder Wahn,
Erzeugt im Gehirne des Toren.
Im Herzen kündet es laut sich an:
Zu was Besserm sind wir geboren.
Und was die innere Stimme spricht,
Das täuscht die hoffende Seele nicht.

(1955)

2. Schillers Dramen – für die Gebildeten unter ihren Verächtern

Am 25. November 1959 stand – als Epilog zu den Schiller-Feiern – in der ›Neuen Zürcher Zeitung‹ folgendes zu lesen: »In Sachen Schiller pochen die meisten auf die Bequemlichkeitsparole. Offen eingestanden hat sie, wie alles Offen-Eingestandene, etwas auf sich; ist jedenfalls zeitgemäß. Aber da Bildung noch immer einen Ehrenpunkt darstellt, macht man sich nicht schlicht, sondern geht hoch: Schiller? Spaß à part, der Mann ist uns zu pathetisch; hat keine Ahnung, wie nüchtern es einen hin und her haut, im Geschäft und so; und anstrengen tun wir uns ja alle, und krank ist man auch dann und wann, aber mit diesem Schönen, Guten, Wahren ist noch kein Laden geschmissen – da halte ich es lieber mit meinem alten Chef, der hat, wenn es wieder einmal hart auf hart ging, das Wort geprägt: ›Und setzet ihr nicht das Leben ein, nie wird euch das Leben gewonnen sein‹, er war bei der Kavallerie, von daher hatte er es. (Bleibt beizufügen: Der Vorhang fällt, ehe der Chor ganz ausgesungen.) Das Beste, das beste Leute über Schiller gesagt haben, ging insgesamt gegen die Bequemlichkeitsparole. Darum gab es auf der Hörerseite die Widerstandslaute. Immer dieser Schiller ... Und so aufgemöbelt. Der Vortreffliche, der Vorbildliche, der Edle, der Große. Daß er es war – vortrefflich, vorbildlich, edel, groß – es sei geglaubt; aber als Richtschnur? Schiller? Er macht uns müde.« Die Schlußfolgerungen des Rezensenten: »Schiller lebt als ein Gerücht.«

Der Tonfall läßt erkennen, daß der Berichterstatter diese Meinung über Schiller nicht teilt. Er montiert Alltagsgeschwätz des Überdrusses zusammen, so wie Gottfried Benn das Gerede des Grossisten am Nebentisch oder Ansichtskartenprosa zum Bestandteil eines Gedichtes machte. Dennoch entsprach der Inhalt des abschätzigen Redens weitverbreitetem Urteil über den berühmten Schulklassiker. Nicht wesentlich anders übrigens ging ein weiterer Mann aus dem Lande Wilhelm Tells mit Schiller ins Gericht: Friedrich Dürrenmatt nämlich, als er in der Stadt, wo die ›Räuber‹ uraufgeführt worden waren und wo, nach Schillers Plan, eine ›Mannheimer Dramaturgie‹ hatte entstehen sollen, den Schiller-Preis erhielt. Dürrenmatt gestand, recht genießerisch, seine Indifferenz gegenüber dem Dramatiker Schiller, um dann, mit einem Umweg über den Vergleich zwischen den Dramaturgien Friedrich Schillers und Bertolt Brechts, eine Laudatio des Literaturtheoretikers Schiller zu liefern. Es ist in der Tat etwas an jenem Spruch: »Schiller lebt als ein Gerücht.« Noch die periodisch wiederkehrende Auseinandersetzung der Kritiker darüber, wie man die Klassiker heute zu spielen habe, meint im Grunde immer nur: die Dramen Friedrich Schillers. Weder Shakespeare noch Büchner pflegen dabei als Beispiel angeführt zu werden. Auch Friedrich Hebbel nicht – was damit zusammenhängt, daß dieser Fall vorerst nahezu belanglos geworden zu sein scheint. Man spielt Hebbel nicht mehr aus »echtem Anliegen«, so daß es auch keiner Erörterung darüber zu bedürfen scheint, wie er denn eigentlich zu spielen wäre.

Mit Schiller steht es anders. Da ist die Verlegenheit, es gibt das Gerücht, aber es gibt auch immer wieder die Auseinandersetzung um Schillers Werk und dessen Spielbarkeit. Ob man durch Leopold Jessner kurz nach Ende des ersten Weltkriegs im ehemals Königlich Preußischen Schauspielhaus am Gendarmenmarkt den ›Wilhelm Tell‹ als expressionistische Musteraufführung darbot und darin den Landvogt Geßler mit Gestik und Gehaben Wilhelms II. ausstaffierte, oder ob man in Wiesbaden eben diesen ›Tell‹ als Theater der Grausamkeit präsentiert, als gehörte sein Verfasser zu den englischen Neu-Elisabethanern unserer Tage: hinter allem steckt das wütende Bemühen um ein dramatisches Œuvre, das eben doch mehr zu sein scheint als ein bloßes Gerücht.

Der Ruhm des Dramatikers Schiller ist nach wie vor immens. Dennoch gab es, sogar in Deutschland (vom Ausland ganz abgesehen), kaum eine Epoche, wo nicht bedeutende Künstler und Kritiker höchst Abfälliges über den Mann und einzelne seiner Werke geäußert hätten. Noch kein Jahrzehnt war seit Schillers Tod vergangen, als *Clemens Brentano* eine Aufführung von ›Kabale und Liebe‹ im Wiener Burgtheater in Briefform rezensierte, wobei er dem Empfänger dieser kritischen Epistel gleich zu Anfang gestand, er habe das Theater in der Mitte des dritten Aktes verlassen: »und ging lieber an einen weiten beschwerlichen Weg durch das Tauwetter, als daß ich meine Seele mannigfaltig mißhandeln ließ«. Der Grund? Höchstes Mißfallen an allem, was Schiller bis zum ›Don Carlos‹ geleistet habe: »In den Räubern riß er sich vom gemeinen Leben los, im Fiesko ergab er sich mit Studentenwut der Geschichte, in Kabale und Liebe fing ihn seine Zeit und sein Vaterland mit Kabale und Liebe ein. Im Don Carlos war er schön und wendete sich auf dem einzig möglichen Weg von der Wahrheit des wirklichen schönen Lebens zu einer sogenannten höheren Wahrheit eines schönes Kunstlebens; nachher tritt er in das strenge, reine, höhere, historische Leben im Wallenstein, in der Johanna d'Arc zur zweiten schönen Jugend, und hat in der Braut von Messina seinen Gipfel erreicht. Der Don Carlos ist sein Wendepunkt.«

Nun ist dies gewiß vor allem eine Selbstaussage Clemens Brentanos, zugleich eine Zurücknahme der eigenen Anfänge: der späte Brentano kündigt sich an. Aber man tut dennoch gut, in diesen Diatriben mehr zu sehen als die bloße Absage der Romantiker an ihren Widersacher Schiller, vergleichbar etwa dem Hohngelächter der Schlegels in Jena bei Erscheinen des Liedes von der Glocke. Das kaiserliche Burgtheater erfüllte an jenem 21. Januar 1814 mit der Aufführung von ›Kabale und Liebe‹ eine Bildungspflicht gegenüber dem berühmten Toten. Clemens Brentanos Pietätlosigkeit dagegen ließ den Abstand ermessen zwischen der herrschenden literarischen Richtung vom Jahre 1814 – und jenem späten Sturm und Drang, dem Schillers drittes Schauspiel zugehörte.

Abermals vierzehn Jahre später, im Jahre 1828, also mitten in der Ära deutscher Restauration, schreibt *Ludwig Börne* eine Rezension mit dem Titel ›Über den Charakter des Wilhelm Tell in Schillers Drama‹. Der Tonfall ist gutmütig herablassend. Das begann so:

»Aus Schillers liebevollem, weltumflutenden Herzen entsprang Tells beschränktes, häusliches Gemüt und seine kleine enge Tat; die Fehler des Gedichtes sind die Tugenden des Dichters.« Tells Charakter läßt sich für den großen Kritiker aus Frankfurt, den Verehrer Jean Pauls und Widersacher Goethes, mit einem Begriff umreißen: »Tells Charakter ist die Untertänigkeit«. Das letzte Schauspiel, das Schiller vollenden konnte, wird von Börne ein »liebenswürdiges Schauspiel« genannt. Was so zu verstehen sei: »Ein liebenswürdiges Schauspiel ist ein Schauspiel, das liebenswürdig ist; die Kritik weiß hierüber nicht mehr als jedes andere Frauenzimmer.«

So geht es weiter durch das ganze 19. Jahrhundert bis in

unsere Tage: Demolierung der Schillerschen Dramaturgie bei *Otto Ludwig*; Gegenentwürfe zur ›Jungfrau von Orleans‹ und zum ›Demetrius‹ bei *Friedrich Hebbel*. Politische Raunzereien über Schiller bei Grillparzer, boshafte Theaterkritiken *Theodor Fontanes*. *Alfred Kerr* behandelt Schiller bei den Jubiläumsfeiern des Jahres 1909 bereits kaum mehr als dramatische Realität von Bedeutung (da stellt er Friedrich Hebbel weit höher, von Ibsen ganz zu schweigen), sondern als Mythos. Das klingt aber so: »Denn er war wirklich unser. Mögen wir ihn gleich überschauen, daß er dabei heute zu kurz kommt. Wer einen solchen Ton in die Welt gesetzt hat: bei dem soll nach Kunstwert und nach Geisteswert überhaupt nicht mehr gefragt sein. Als Klang, als Strahl, als Stern, als Sehnsucht, als Märtyrer, als Wille tönt er fort . . . Der Zeitpunkt kommt, wo jemand aufhört ein Schriftsteller zu sein und anfängt ein Mythus zu werden.

Nichts an dir war scheel und niedrig
teurer Schiller, edler Friedrich.«

Kurzer Aufschwung nebst Umfunktionierung im Zeichen des Expressionismus, aber der Gegenspieler Brecht war auch schon aufgetreten. Ein großer Teil seines Werkes besteht aus Gegenentwürfen zu Schillers Dramen und philosophischen Kantianismen. Das reicht von der ›Heiligen Johanna der Schlachthöfe‹ bis zur Bearbeitung des ›Hofmeisters‹ von Lenz. Wenn die Geschichte der Johanna d'Arc auf den Schlachthöfen von Chicago dadurch von Brecht beendet wird, daß er Schillers abschließende Regieanweisung zur ›Jungfrau von Orleans‹ nahezu wörtlich übernimmt, wobei freilich nicht der Schillersche König den Wink gibt, die Fahnen möchten sich auf die Tote senken, sondern der Major Snyder von der Heilsarmee, so will

Brecht den Schluß von Schillers romantischer Tragödie als Schwindel verstehen, der mit Hilfe der zitierten Situation, Gestik und Sprachform als solcher erkennbar gemacht werden soll. Der Ideologe Schiller als Objekt von Ideologiekritik.

Mißmut und Distanz nicht bloß bei den nachlebenden Schriftstellern, Kritikern, erst recht Dramatikern, sondern auch im Bereich der *Literaturwissenschaft*. Die Zeiten sind längst vorbei, wo jedes kritische Wort über den großen Dichter oder einiges aus seinem Werk von der offiziellen Germanistik übelgenommen und demgemäß geahndet wurde. Zwar hatte *Benedetto Croce* bereits vor Jahrzehnten in seinem Buch ›Poesie und Nichtpoesie‹ den Dramatiker Schiller (nicht dagegen den Lyriker) dezidiert in den Bereich der Nichtpoesie verwiesen. Aber schon nach dem zweiten Weltkrieg konnte Erich Heller eine Würdigung Schillers, und zwar insbesondere der Beziehungen zwischen Schillers Dichtung und Philosophie, folgendermaßen einleiten: »Der Name Friedrich Schiller bezeichnet ein poetisches Mißgeschick in der Geschichte der deutschen Literatur, welches jedoch, wie es bei Mißgeschicken im Weltgeschehen manchmal zu gehen pflegt, großen Glanz ausstrahlt.« Die Beziehungen – so Heller – zwischen Schillers dramatischer Rhetorik und den heroischen Aufputschereien der Jugend durch den ›kleinen deutschen Studienrat‹ seien nicht so, daß Schillers Werk ganz und gar unschuldig wäre an solchen Mißverständnissen und ungewünschten Wirkungen.

Was geht hier vor? Die Deutung des Dramatikers Schiller, im Grunde also des *eigentlichen* Schiller, ist längst nicht mehr genötigt, dem sonoren Pathos der Schiller-Feiern dadurch Widerstand zu leisten, daß versucht wird, den Fall dieses

Dichters, seiner Dramatik und Dramaturgie, in allen Widersprüchen, Wandlungen, im Gelingen wie im Mißlingen, genauer zu interpretieren. Nicht diese kritische Unterscheidung von echtem und falschem Pathos ist heute vor allem vonnöten. Wesentlich erscheint eine Wiederherstellung der realen Dimensionen dieses Stückeschreibers nach so viel Ironie, Parodie und Umfunktionierung. Eine Verteidigung der Größe des Dramatikers Friedrich Schiller wurde notwendig. Diese neue, notwendige und schöne Apologetik wendet sich an die Gebildeten unter den Verächtern des Dramatikers Friedrich Schiller.

Benedetto Croce hatte zwar den Dramatiker des Wallenstein und Tell in den Bereich der »Nichtpoesie« verwiesen, hütete sich dagegen wohl, den Grafen Vittorio Alfieri, den man nicht ohne Grund als »italienischen Schiller« bezeichnet hat, mit derselben Strafe zu belegen. Allein auch Croces Ästhetik und Poetik sind durch den Zeitablauf hinfällig geworden. Man wurde skeptisch gegenüber allen Konstruktionen des philosophischen Idealismus, die darauf ausgehen, den »Geist« in einen bloß formalen Gegensatz zur Gesellschaft zu bringen. Auch Croces Unterscheidungen zwischen Poesie und Nichtpoesie gerieten in den Strudel geschichtlicher Entwicklung. Dieser philosophische Idealismus wurde – in Italien wie außerhalb – ebenso fragwürdig wie manche idealistische Dramenkonstruktion Friedrich Schillers. Nicht um Poesie oder Nichtpoesie kann es sich vor Schillers Dramen handeln, sondern um eine sorgfältige Scheidung des zwar immer noch Hochgelobten, aber nachgerade schwer Erträglichen, von jenen Dramen, die ihren Verfasser nach wie vor als Zeitgenossen ausweisen: auch unserer Ära.

Im Grunde haben die Bühnen diese Selektion längst getroffen. Die Spielpläne deutscher Theater in den Jubiläumsjahren 1955 und 1959 ließen ahnen, was von diesem Dramenwerk von nun an bloß noch in den Bereich gebildeter Tradition verwiesen werden muß – und was nach wie vor ein Ärgernis blieb: dergestalt, daß die Theater und Spielleiter immer wieder den Zeitgenossen Schiller hinter der Dramaturgie von einst zu entdecken bemüht sind. Man wird folgende These wagen dürfen: überall dort, wo Schiller als Stückeschreiber den philosophischen Antithesen allzu viel Raum gewährte, wo er mithin den tragischen Ablauf als einen Prozeß der philosophischen Reflexion konstruierte, weicht allmählich der Zauberbann; durch die Hinfälligkeit dieses Philosophierens wird auch die dramatische Form schwer geschädigt. Dies gilt – wozu es leugnen? – vor allem für die *›Jungfrau von Orleans‹* und die *›Braut von Messina‹*.

Schillers Darstellung der Geschichte des Mädchens von Orléans scheint den Konkurrenzkampf mit Shaw und seiner ›Heiligen Johanna‹ verloren zu haben. Als Rossini seinen ›Barbier von Sevilla‹ schrieb, mußte Paisiello weichen. In der Tat ist es heute kaum mehr möglich, die Geschichte der Jeanne d'Art mit Schillers Methoden als ›romantische Tragödie‹ auf die Bühne zu bringen und dem Theaterbesucher zuzumuten, für die Dauer der Schauspielvorstellung zu vergessen, daß Johanna nicht – wie hier im Drama – auf dem Schlachtfeld eine tödliche Wunde empfängt, um nach gewonnenem Kampf noch einige prophetisch-ergriffene Verse zu sprechen und umzusinken, worauf die Fahnen ihres Königs, als letzter militärischer Gruß, zu ihren Ehren gesenkt werden. Johanna wurde als Ketzerin im Büßerhemd auf dem Marktplatz zu Rouen verbrannt.

Das dramatische Problem, das mit diesem einzigartigen Menschenschicksal verbunden ist, entsteht nicht, wie bei Schiller, aus Liebe und Krieg, Freiheit und Notwendigkeit, sondern hängt mit einem historischen Vorgang zusammen, der bei Schiller vollkommen ausgeschaltet wurde: mit dem *Prozeß der Jeanne d'Arc*. Kein Zufall also, daß dieser erregende geschichtliche Vorgang für Schiller durchaus irrelevant bleiben mußte, während nicht bloß Bernard Shaw sein Schauspiel auf diesen Prozeß hinführte, sondern ebenso nach ihm der französische Dramatiker Anouilh in dem Schauspiel ›Die Lerche‹, und genauso Brecht in seiner dramatischen Bearbeitung eines Hörspiels von Anna Seghers mit dem Titel ›Der Prozeß der Jeanne d'Arc zu Rouen 1431‹. Schillers romantische Tragödie ist offenbar nicht mehr zu retten. Zwar geben auch wir uns nicht selten im Theater mit Geschichtsdarstellungen zufrieden, über deren Ablauf gelehrte Historiker nur den Kopf schütteln, aber die unbekümmerte Manipulierung geschichtlicher Tatsachen in Schillers ›romantischer Tragödie‹ will einem wissenschaftsgläubigen zwanzigsten Jahrhundert kaum mehr behagen.

Allein es ist nicht nur der dezidierte Antihistorismus, der dieser romantischen Tragödie zum Verhängnis wird: bedenklicher mutet der Versuch an, das philosophische Problem eines Übergangs von naiver zu modern-gebrochener Weltbeziehung zum Thema der dramatischen Entwicklung zu machen. Unbewußtheit und Selbstbewußtsein sind als zwei Phasen einer Bühnengestalt dargestellt: Schillers Johanna verwandelt sich, um Schillers philosophische Begriffe abzuwandeln, aus einer naiven in eine sentimentalische Protagonistin, und zwar nicht in psychologischer Entwicklung, sondern in einer gleichsam punktuellen Umkehr. Kein Zufall also, daß gerade die bedeutendsten Kritiker dieses Schauspiels den Mißbrauch einer Bühnengestalt zur Demonstration philosophischer Antithesen höchst bedenklich finden mußten. Mit Recht hat Erich Heller darauf hingewiesen, daß Goethes und Hebbels Kritiken an der ›Jungfrau von Orleans‹ eigentlich den gleichen Einwand meinten. Goethe protestierte innerlich gegen diese Dramenkonstruktion des Freundes im Namen von Johannas ursprünglicher Naivität; Hebbel dagegen im Namen der echten Reflexion gegenüber der bei Schiller so sonderbar erotisierten Selbsterkenntnis des Mädchens vor dem Feinde Lionel. Es war aber in beiden Fällen, bei Goethe und Hebbel, kein Unverständnis, wie Heller meint: beide Kritiken trafen den schwachen Punkt dieses so ehrgeizig gewollten, nur allzu gewollten Schauspiels. Das heutige Mißbehagen vor diesem Werk hängt mit einer Erbsünde zusammen.

Noch eindeutiger scheint sich der Fall der *›Braut von Messina‹* zu präsentieren. Sie hatte von jeher den besonderen Zorn Croces erregt, was mit dem Gegensatz von Croces Freiheitsphilosophie und Schillers unerbittlichem Determinismus in dieser Schicksalstragödie zusammenhing. In der Tat haben wir in diesem Schauspiel mit Chören eigentlich das klassische Vorbild aller künftigen Schicksalsdramatik vor Augen: von Grillparzers ›Ahnfrau‹ bis zum ›Malentendu‹ von Albert Camus. In seiner Abhandlung ›Über den Gebrauch des Chors in der Tragödie‹, die Schiller wenige Monate nach Vollendung der ›Braut von Messina‹ und gleichsam zu deren Kommentierung schrieb, hat er ausdrücklich begründet, was hier beabsichtigt wurde. Man mag nicht vergessen, daß es sich um ein Werk und eine Abhandlung vom Jahr 1803 handelt: um den Übergang

mithin von der stabilisierten Revolution zum bonapartistischen Kaiserreich: »Der Chor leistet daher dem neuern Tragiker noch weit wesentlichere Dienste als dem alten Dichter, eben deswegen, weil er die moderne gemeine Welt in die alte poetische verwandelt, weil er ihm alles das unbrauchbar macht, was der Poesie widerstrebt, und ihn auf die einfachsten, ursprünglichsten und naivsten Motive hinauftreibt. Der Palast der Könige ist jetzt geschlossen, die Gerichte haben sich von den Toren der Städte in das Innere der Häuser zurückgezogen, die Schrift hat das lebendige Wort verdrängt, das Volk selbst, die sinnlich lebendige Masse, ist, wo sie nicht als rohe Gewalt wirkt, zum Staat, folglich zu einem abgezogenen Begriff geworden, die Götter sind in die Brust des Menschen zurückgekehrt. Der Dichter muß die Paläste wieder auftun, er muß die Gerichte unter freiem Himmel herausführen, er muß die Götter wieder aufstellen, er muß alles Unmittelbare, das durch die künstliche Einrichtung des wirklichen Lebens aufgehoben ist, wieder herstellen.«
Wenn irgendein Werk, so verdient die ›Braut von Messina‹ jene Deutung als ›klassisch-romantische Phantasmagorie‹, die sich Goethe als Kennzeichnung des Helena-Aktes erfand. Freilich ist die Klassik bei Schiller in diesem Werk bloß klassizistische Gebärde. Die Substanz ist romantischer Art. Die Wirklichkeit soll poetisiert werden, wenngleich nicht gerade in einer Weise, die Novalis, der solches forderte, entzückt hätte. Mit Hilfe von Chor und strenger Schicksalsdetermination möchte Schiller über die zufälligen Verknüpfungen im Alltagsgeschehen hinauswachsen. Er verstopft alle Auswege, wie ein Vorläufer Friedrich Hebbels, um die Katastrophe als Notwendigkeit in einer scheinbar nur noch dem Zufall nachlebenden Umwelt zu

demonstrieren. Daß Schillers dramaturgische Absicht, lauter Notwendigkeiten, also notwendige Schicksalsabläufe, auf der Bühne zu zeigen, ununterbrochen gezwungen ist, zu diesem Behufe mit Zufällen zu arbeiten, oft den absurdesten, gehört zum ironischen Grundwiderspruch dieser Dramenschöpfung. Der übrigens noch eines anzumerken ist: daß ihr Verfasser, bei aller Distanz zur Französischen Revolution und zum Bonapartismus, insgeheim dennoch, wie in seinen Anfängen, ein treuer Schüler des Jean-Jacques Rousseau blieb, indem hier dem gemeinen und scheinbar so unpoetischen Alltag eine ursprünglich ungemeine Ära des Menschentums gegenübergestellt wird, die zwar vergangen und unwiederbringlich sei, vom Dichter aber, wenigstens auf der Schaubühne, noch einmal realisiert werden könne. Rousseauismus und romantischer Determinismus in sonderbarer Verschlingung. Dem Werk ist dies alles, trotz herrlicher Episoden und Verse, nicht gut bekommen.

Regungen des Unbehagens sind gleichfalls nicht zu unterdrücken, wenn vom *›Wilhelm Tell‹* die Rede ist. Es ist nicht bloß die betuliche Eigenbrötelei des Titelhelden, wie Ludwig Börne gemeint hatte. Abermals haben wir, wie im ›Fiesco‹ und ›Don Carlos‹, den für Schiller so charakteristischen Dramenaufbau, daß ein Titelheld auftritt, der eigentlich ›stört‹. Der Abenteurer Fiesco kompliziert, auf den ersten Blick, die eigentliche bürgerlich-feudale Auseinandersetzung um Aristokratismus oder Republikanismus. Den Gegensatz also des jungen Doria und des alten Verrina. Der Infant Don Carlos von Spanien wurde im Verlauf eines langen und mühevollen Arbeitsprozesses fast zu einer Verlegenheitsfigur zwischen Posa und Philipp. Daher auch das Unbehagen so mancher Republikaner und Demokraten über das Titelheldentum des Wilhelm Tell, der weder zur Beratung taugt noch zur Konspiration, dem Rütli fernbleibt, und dennoch, nach Schillers Absicht, in seiner Sonderaktion zugleich die stellvertretende politische Tat zu vollbringen hat, die er dann auch selbst und ausdrücklich in der Parricida-Szene im Sinne solcher geschichtlichen Repräsentation und in Abkehr vom privaten Tyrannenmord zu deuten unternimmt.

Allein auch hier wird dem Dramatiker die Kombination von Historie und Philosophie zum Verhängnis. Schiller fügt die beiden großen Bereiche seines Dichtertums diesmal zusammen: den bürgerlichen Sturm und Drang seiner Anfänge und den kantianischen Moralismus. Gebaut ist alles mit wunderbarer Meisterschaft. Fast reibungslos scheint das menschlich-typische Geschehen mit dem historisch-konkreten Konflikt verflochten zu sein. Das beginnt mit dem Auftreten der drei typischen Berufe des Jägers, Fischers und Hirten, setzt sich fort in den drei Lebensaltern der Verschworenen vom Rütli, die gleichzeitig auch drei Kantone zu vertreten haben, um schließlich im spektakulären Schicksal der Aristokraten Berta und Rudenz auch noch die deutsche politische Philosophie des bürgerlich-feudalen Gesellschaftskompromisses einzubeziehen.

Allein hinter so viel formaler Harmonie sind die tieferen Fragwürdigkeiten dennoch und unschwer zu entdecken. Schillers kühne geistige Spekulation hatte erkannt, daß die Form eines Dramas, welches ausschließlich auf Charakter und Taten eines Titelhelden abstellt, eine große Schwierigkeit für den Dramatiker bedeuten muß, der es unternimmt, die Freiheitsbewegung eines ganzen Volkes repräsentativ darzustellen. Die meisten Dramatiker vor Schiller hatten das große politische Geschehen auf den Kreis einiger Protagonisten beschränkt. Das Volk blieb draußen, wurde nicht sichtbar. Gegen diesen dramaturgischen Aristokratismus hatte sich Goethe zwar innerlich gewehrt, als er den ›Egmont‹ schrieb, aber es war ihm nicht gelungen, die Freiheitsbewegung der Niederländer, die er in Volksszenen auf die Bühne gebracht hatte, mit dem Drama seines Titelhelden organisch zu verbinden. Der junge Schiller fügte sich, als er diesen gleichen Aufstand der Niederländer mit diesem selben Herzog Alba auf die Bühne brachte, im ›Don Carlos‹ der alten Tradition und verlegte die Handlung ausschließlich nach Spanien. Brüssel, die Niederlande und ihre Volksmassen blieben im Hintergrund, wurden bloß erwähnt. Damit war das Problem zwar im dramaturgischen Aufbau des ›Don Carlos‹ gelöst, aber nicht wirklich durchdacht. Ein Kunsttheoretiker wie Schiller konnte sich damit nicht zufrieden geben. Der Zeitgenosse der Französischen Revolution, der außerdem Universitätsprofessor der Geschichte war, hatte deutlich erkannt, daß man am Beginn einer Ära der Massenpolitik angelangt sei. Das Ancien Régime im siebzehnten und achtzehnten Jahrhundert hatte dynastische Politik gemacht und dynastische Kriege, zumeist mit Söldnertruppen, geführt. Nun begann die Ära der allgemeinen Wehrpflicht und der Volksheere. Napoleon bot das Beispiel, und seine Gegner waren, wie Schiller erkennen mußte, gleichfalls genötigt, ihm nachzufolgen. Die Revolutionskriege, die Schiller in seinem letzten Jahrzehnt vor Augen hatte, präsentierten eine völlig neue Beziehung zwischen den politischen Protagonisten und den Massen. Es vollzog sich der Übergang vom dynastischen System des Ancien Régime zum Nationalstaat, dessen Träger die Volksmassen waren, damals noch geführt vom Bürgertum. Wie aber sollte der Dramatiker diese neue geschichtliche

Konstellation auf die Bühne bringen? Der Tragödientyp der dynastischen Intrige und Hofkabale nach dem Muster des ›Don Carlos‹ gehörte noch zur gesellschaftlichen Situation der vor-revolutionären Ära. Von nun an kam es darauf an, die Volksmassen als neue Träger der geschichtlichen Entwicklung gleichfalls auf die Bühne zu bringen. Mit welchen Mitteln aber?

Man sieht: in einer Ära der gesellschaftlichen Übergänge erwies sich Schiller als ungemein hellsichtig und unkonventionell. Bereits im ›Wallenstein‹ hatte er versucht, nicht bloß eine Tragödie der militärischen und politischen Intrige zu bieten, sondern auch die Armee des Feldherrn Wallenstein auf die Bühne zu bringen. Dabei war Schiller zunächst noch der wirklichen Problematik dadurch ausgewichen, daß er ein *Nebeneinander* bot: zuerst die Darstellung des Heeres als Massenszene in ›Wallensteins Lager‹, dann die Tragödie des Feldherrn, die sich nun, von einer kleinen Massenepisode abgesehen, wieder im traditionellen Bereich der Auseinandersetzung zwischen Protagonisten vollzog. Das bedeutete ein Zurückweichen vor der Lösung. Schiller wußte es.

Im ›Wilhelm Tell‹ hatte er das wirkliche Problem so zu bewältigen versucht, daß er *gleichzeitig* den Titelhelden, die Führer der Freiheitsbewegung, den Tyrannen und das tyrannisierte Volk auf die Bühne brachte. Äußerlich hatte Schiller alle dramaturgischen Schwierigkeiten mit großer Eleganz bewältigt. In Wirklichkeit war er gescheitert, wie wir heute wissen.

Gewiß, das Schauspiel eines Volkes, das sich selbst aus der Unterdrückung befreit, wobei der legendäre Konflikt des Wilhelm Tell eigentlich nicht mehr sein darf als eine unvermeidliche, etwas störende Beigabe, hat nichts von seiner erregenden Aktualität verloren. Dennoch ist Schiller bei dem Versuch gescheitert, gleichzeitig einen typischen Helden und ein Volksdrama zu schaffen. Darum verwendet er allzu viel Kunst darauf, die Motive des Tyrannenmords glaubhaft zu machen. Man stand erst am Anfang der bürgerlichen Gesellschaftsentwicklung in Deutschland. Fast neunzig Jahre mußten vergehen, ehe der Versuch unternommen wurde – in dem Schauspiel ›Die Weber‹ von Gerhart Hauptmann –, eine Volksbewegung ohne eigentlichen Helden unmittelbar auf die Bühne zu bringen. Am äußeren Erfolg wie an der inneren Brüchigkeit des ›Wilhelm Tell‹ wird daher die Größe wie die Grenze dieses Dramatikers besonders klar sichtbar. Als dramatisches Vorbild für seinen Tell hatte sich Schiller den ›Julius Cäsar‹ von Shakespeare gewählt. Am 2. Oktober 1803 schrieb er an Goethe: »Für meinen Teil ist mir das Stück von unschätzbarem Wert«. In Wirklichkeit übernahm er die auch bei Shakespeare bedenkliche Mittelpunktslosigkeit der dramatischen Aktion und verkannte gleichzeitig bei allem historischen Scharfsinn, daß eine Behandlung des Volkes, wie sie im elisabethanischen Drama noch denkbar war, im Zeitalter der Aufklärung und Französischen Revolution nicht mehr möglich sein konnte. Shakespeares Art, die Plebejer zu betrachten, ließ sich weder mit der Politik noch der Philosophie einer Schiller-Zeit vereinen.

Nichts unrichtiger daher als die Behauptung, Schillers Spätwerk bedeute in seiner philosophischen Verallgemeinerung, in der Ersetzung von Zeitlichkeit durch Überzeitlichkeit, eine Zunahme an künstlerischem Volumen und eine klare Absage an die dramatischen Anfänge des Stürmers und Drängers. Schiller selbst mochte es wohl so gesehen haben, oder vielmehr: er wünschte sich, daß man den Vorgang seiner geistigen Entwicklung in dieser Weise verstehe.

Richtig war es aber nicht. Die bürgerliche Kampfdichtung seiner Anfänge und den schwärmerischen Rousseauismus hat Schiller, was immer er in seiner berühmten Kritik an den Gedichten des Stürmers und Drängers Gottfried August Bürger darüber schreiben mochte, auch in seinem späten Werk niemals verleugnet. Wenn der ›Wilhelm Tell‹ trotz aller Brüchigkeiten dem Schicksal der ›Braut von Messina‹ entging, so verdankte er das einer solchen Permanenz und Kontinuität des Aufklärungsdenkens: also der bürgerlichen Gesellschaftsentscheidung.

Hier liegt auch das Geheimnis einer – vorerst – ewigen Jugend der vier Jugenddramen des Stürmers und Drängers Friedrich Schiller: der Räuber, des Fiesco, des Spiels um die Luise Millerin, des Don Carlos. Aktualität und Historizität nämlich stehen hier noch überall in einem guten Verhältnis zueinander.

Das leidenschaftliche Erstlingswerk des ganz jungen Dramatikers muß heute, wenn man es nach schlechter Konvention auf die Bühne bringt, wie ein unerträgliches Spektakelstück wirken, das eher belustigt als erschüttert. Ein unmenschlicher Sohn, ein unmenschlicher Bruder, viel Mord und Totschlag, grausige Taten und lautes Gebrüll. Wie aber, wenn man das wirkliche und aktuell gebliebene Problem dahinter aufspürt und auf die Bühne bringt: die Frage nach der Beziehung zwischen Verstand und Herz, Leidenschaft und Lebensklugheit, und damit zwischen Mittel und Zweck! Karl Moor sucht sein beleidigtes Gefühl durch anarchischen Terrorismus zu rächen und muß erkennen, daß er aus verletzter Sittlichkeit selbst zum unsittlichen Verbrecher wurde. Franz Moor leugnet das Gefühl, das sittliche Empfinden, um nur die Berechnung, das Interesse, die Kraft eines von keiner moralischen Hemmung beeinflußten Geistes gelten zu lassen. Er scheitert an der Tatsache, daß sich Gefühl und Gewissen nicht »verdrängen« lassen, um einen Ausdruck der Psychoanalyse zu gebrauchen. Ein Schauspiel der Intrige und des Bruderzwists? Das ist bloßer Vordergrund. Dahinter aber steht die Frage nach der Beziehung zwischen Politik und Sittlichkeit, nach dem Verhältnis zwischen Mittel und Zweck, nach der Relation zwischen Individualität und Lebenskompromiß. Karl und Franz Moor in den ›Räubern‹ sind zwei extreme Möglichkeiten menschlichen Verhaltens. Was Schiller an ihnen demonstriert, ist nach wie vor wichtig geblieben. Schon hier also, in Schillers erstem Schauspiel, wird das Grundthema seiner ganzen späteren Dramatik sichtbar. Es ist nur die halbe Wahrheit, wenn man behauptet, Schiller habe immer wieder *politische Dramen* geschrieben. Er hat in Wirklichkeit immer wieder *das Drama der Politik* zu schreiben versucht. Nicht weniger gilt die These für Schillers zweites Schauspiel *›Die Verschwörung des Fiesco zu Genua‹*. Da ist einmal der Konflikt des bürgerlichen achtzehnten Jahrhunderts zwischen der aristokratischen Tyrannis des jungen Doria und der republikanischen Tugend eines Verrina. Das ist der klassische Antagonismus von Feudalität und bürgerlicher Opposition. Daneben aber steht die merkwürdige Gestalt des Fiesco, des politischen Abenteurers, der zwar Aristokrat ist, aber nicht für seine Klasse agiert, sondern auf die Seite der sozialen Gegner übergeht, wobei er zwischen die Fronten gerät. Von seinen Ursprüngen hat er sich gelöst, aber mit den neuen Verbündeten gelangt er nicht zur Übereinstimmung. Er will sich ihrer bedienen, so wie das – wenige Jahre nachdem Schiller sein Schauspiel schrieb – viele Aristokraten in der Französischen Revolution zu tun versuchten: vom Grafen Mirabeau bis zum

Herzog von Orléans. Fiesco verliert sein Leben ebenso wie der Herzog von Orléans, der zwar als Citoyen Egalité für den Tod seines Vetters, des Königs, stimmt, aber selbst dann unter das Fallbeil gerät. ›Fiesco‹ ist – wenn man Schillers Schauspiel richtig versteht – ein genialer erster Versuch, das Thema des politischen und sozialen *Renegaten* dramatisch zu gestalten. Auch dieses Problem hat nichts an Aktualität verloren.

Über *›Kabale und Liebe‹* braucht wenig gesagt zu werden. Das Werk erweist sich bei jeder neuen Theateraufführung als außerordentlich kraftvoll. Natürlich ist es leicht, hier vom ›Melodrama‹ zu sprechen, das zweifellos in manchen Szenen spürbar wird. Aber man sollte diesem Jugendwerk Friedrich Schillers nicht vorwerfen, daß es unzählige Epigonen nach sich zog. Hier jedoch findet sich das Original. Nirgendwo in der deutschen Literatur des achtzehnten Jahrhunderts ist der Konflikt zwischen Staatsraison und menschlichem Glück mit solcher Schärfe gestaltet worden. Der Form nach ist dies eine klassenmäßige Auseinandersetzung zwischen Feudalwelt und Bürgertum. Allein der tiefere Konflikt spielt sich zwischen staatlicher Willkür und menschlicher Freiheitssphäre ab, zwischen der »Mode« und der »Menschheit«.

Die Fortsetzung dieser Auseinandersetzung gab Schiller im *›Don Carlos‹*. Der Grundplan war Gemeingut der europäischen Aufklärung. Ursprünglich hatte Schiller beabsichtigt, ein Lehrstück über die Greuel der spanischen Inquisition zu schreiben. Daraus wurde etwas ganz anderes. Marquis Posa entwickelte sich aus einer Nebenfigur zum ideellen Gegenspieler des absolutistischen Königs. Aus einer Aufklärungstragödie gegen kirchlichen und weltlichen Absolutismus wurde im Laufe mühevoller Arbeit in Wirklichkeit das Drama des Königs Philipp als Tragödie der politischen Verantwortung. Hatte Schiller in der Gestalt seines Fiesco den politischen Abenteurer auf die Bühne gebracht, der weder eine Ideologie noch ein allgemeines gesellschaftliches Interesse repräsentiert, nur sein eigenes Machtstreben, so zeigte der ›Don Carlos‹ die Tragödie des wirklichen Repräsentanten, der als Gatte, Vater, Mensch scheitert. Ein genialer Schlußeinfall Schillers zeigt das Drama der politischen Verantwortung gleichzeitig als Tragödie der politischen Unfreiheit: der absolute König verwandelt sich in der Schlußszene des Schauspiels selbst in ein Objekt der Politik. Sieger bleibt nicht der König, sondern der Großinquisitor. Der Tragödie des Renegaten im ›Fiesco‹ entspricht im ›Don Carlos‹ die Tragödie der politischen Subordination.

Aus beiden Motiven versucht Schiller darauf eine neue dramatische Einheit zu schaffen. Mehr als ein Jahrzehnt liegt zwischen der Entstehung des ›Don Carlos‹ und der Vollendung des *›Wallenstein‹*. Die Trilogie ist sehr schwer auf die Bühne zu bringen. Streichungen und Bearbeitungen sind unvermeidlich, aber der Rang dieses großen dramatischen Werkes in der Weltliteratur sollte nicht ernsthaft bestritten werden. In aller Bewußtheit hatte Schiller, wie man in seinen Briefen an Goethe während der Entstehung des Dramas nachlesen kann, darauf hingearbeitet, keinen »sympathischen« Helden auf die Bühne zu bringen, überhaupt die traditionellen Formen seelischer Einfühlung zu vermeiden, um eine politische Gestalt mit all ihren Konflikten und Krisen äußerer wie innerer Art auf dem Theater wirken zu lassen. Wallenstein ist weder ein Held noch ein Bösewicht, er ist gleichzeitig genial und kleinlich, Träger großer Gedanken und bedenkenloser Spieler, der sich aller

Menschen zur Erreichung seiner Zwecke bedient. Er ist kühn und feige, loyal und verräterisch, frei und unfrei. Immer wieder versucht er, im politischen Handeln gleichzeitig menschliche Größe zu bewahren; immer wieder muß er seine Gefühle opfern, um sein politisches Ziel zu erreichen. So verstößt er schließlich gegen alle Bindungen des Vertrauens, der Freundschaft, der Pflichten als Gatte und Vater; erkauft sich damit aber nicht einmal den äußeren Erfolg, denn alle seine Pläne mißlingen. In der Gestalt seines Wallenstein hat Schiller zum ersten Mal einen Menschen »im Räderwerk« des politischen Handelns auf die Bühne gebracht. Er hat gleichzeitig – in den Gestalten von Max und Thekla – auch das Thema des *Opfers* behandelt, das in der modernen Dramatik (man denke an Dürrenmatt oder Sartre) eine so große Rolle spielt. Wallenstein – oder die Problematik des politischen Täters und seiner Opfer.

In ähnlicher Weise ist eine neue Interpretation und damit eine neue Aktualität auch der ›*Maria Stuart*‹ möglich. Die Tatsache, daß in England vor kurzer Zeit eine Übersetzung und Bearbeitung des Werkes durch Stephan Spender zum großen Theatererfolg Schillers werden konnte, mag bloß ein äußeres Indiz sein, das aber durch das Werk selbst bestätigt wird.

Noch vor einem halben Jahrhundert pflegte man auf deutschen Bühnen die Geschichte der schottischen Königin, die mit so edlem Anstand und unter allgemeinem Schluchzen der Hinrichtung entgegengeht, als Rührstück in Versen aufzuführen. Das widersprach durchaus den Absichten Schillers, der den Kampf zwischen den beiden Königinnen als ein politisches Drama angelegt hatte, worin sich auf beiden Seiten die Schuld mit der Unschuld, das Recht mit dem Unrecht verband. Auch Goethe war niemals im Zweifel über diese Grundsubstanz und schrieb behaglich noch vor der Aufführung des Schauspiels in Weimar an Schiller, er sei gespannt darauf, wie die Hofgesellschaft sich verhalten werde, »wenn die beiden Huren einander ihre Liebesgeschichten vorwerfen«. Die Titelgestalt der schottischen Königin lebt unter einer höchst realen Dialektik. Sie fühlt sich zwar unschuldig im Sinne der Anklage und des Todesurteils, weiß aber innerlich, daß sie in anderer Weise schuldig wurde. So erleidet sie den Tod als Folge von Untaten, die im juristischen Sinne auch von Elisabeth nicht gegen sie geltend gemacht worden waren. Vor der eigentlichen Anklage dagegen weiß sie sich schuldlos. Bei ihrer Gegenspielerin Elisabeth findet man die gleiche Mischung der Motive. Sie will als Frau und Königin diese andere Frau und Königin vernichten: hier wirken Haß, Neid und Eifersucht. Aber im Sinne der Staatsraison und ihrer geschichtlichen Aufgabe kann sie gar nicht anders handeln. Das Leben oder vielleicht der Sieg der Maria Stuart bedeuten die Gefahr erneuter Abhängigkeit Englands von Frankreich, Gegenreformation und neuen Bürgerkrieg. Das englische Volk steht in dieser Frage zweifelos zu Elisabeth, die hier auch in Schillers Augen ein höheres geschichtliches Prinzip verkörpert. Schiller schrieb sein Drama im Zeichen der neu entstehenden europäischen Nationalstaaten. So kam es, daß er die Königin Elisabeth zwar moralisch mißbilligt, aber nicht verhindern kann, daß sie in ihrem Handeln, wenigstens in ihren Zielen, als gerechtfertigt erscheinen muß. In ihren Zielen, jedoch nicht in ihren Mitteln. Auch hier wird die Kontinuität in Schillers dramatischem Werk von neuem sichtbar. Betrachtet man es recht, so sind wir in der *›Maria Stuart‹* abermals beim philosophischen

Grundmotiv der ›Räuber‹ angelangt: der Relation zwischen den Zwecken und den Mitteln.

Wahrscheinlich wäre dem Dramatiker Schiller nach der mißglückten ›Braut von Messina‹ und dem nur allzu erfolgreichen ›Wilhelm Tell‹ noch einmal eine große politische Tragödie gelungen. Der dramatische Entwurf des *›Demetrius‹*, den Schiller nicht mehr vollenden konnte, vereinigt alle Lebensmotive dieses großen Dramatikers der Politik in imponierender Weise. Das Fiesco-Thema des politischen Abenteurers erklingt von neuem; der Wallenstein-Konflikt zwischen Legitimität und Rebellion; das Motiv eines nationalen Freiheitskampfes; nicht zuletzt ein neuer Versuch Schillers, die dramatische Relation herzustellen zwischen einem Titelhelden und den Volksmassen als geschichtlicher Substanz. Leider ist der ›Demetrius‹ ein Fragment geblieben; aber gerade in dieser unvollendeten Fassung zeigt er abermals, wie wenig Schillers Dramatik der historischen Stoffe verglichen werden darf mit den leeren Historiengemälden des neunzehnten Jahrhunderts: wie stark hier im Gegenteil hinter den geschichtlichen Stoffen die große Auseinandersetzung zwischen Außenwelt und Innenwelt des Menschen gestaltet wird, privater und politischer Sphäre, dem Einzelnen und den Massen, dem Einzelinteresse und dem gesellschaftlichen Interesse.

Zunächst freilich will es scheinen, als müsse ein moderner Dramatiker die Aktualität dieser theatralischen Prinzipien Friedrich Schillers für die Gegenwart grundsätzlich leugnen. Daß sich Brecht immer wieder gegen Schiller gewehrt hat, ist bekannt. Da gibt es nicht nur die Parodien in der ›Heiligen Johanna der Schlachthöfe‹ oder im ›Aufhaltsamen Aufstieg des Arturo Ui‹. Es gibt auch satirische Gedichte Brechts gegen Schiller, boshafte Anspielungen in Brechts Bearbeitung des ›Hofmeisters‹ von Lenz. Überhaupt ist Brechts Ablehnung des »kulinarischen Theaters« vor allem als Ablehnung des Dramatikers Schiller zu verstehen. Trotzdem muß man sich fragen, ob Brechts Kritik den wirklichen Schiller trifft oder bloß das populäre bürgerliche Zerrbild, das er in seiner Jugend (zwischen 1915 und 1925) erleben mußte.

Auch der Dramatiker Friedrich Dürrenmatt scheint es gegenüber Schiller mit Brecht zu halten. Liest man Dürrenmatts Schiller-Rede, so möchte es zunächst so aussehen, als gäbe es keine Gemeinsamkeit zwischen Schiller und Dürrenmatt. Dürrenmatt bemerkt, daß Schillers Dramaturgie auf das Rhetorische zielt. »Der Mensch wird in Szene gesetzt, um rhetorisch ausbrechen zu können. Operndramaturgie«. Der Redner des Jahres 1959 fährt jedoch fort: »Das rhetorische Drama setzt eine geschlossene und sozial gestufte Welt voraus, eine Hierarchie, die auf der Bühne vorausgesetzt wird, aber auch dargestellt werden kann.«

Dies alles aber sei heute nicht mehr möglich. Gleichzeitig jedoch ergibt sich, wie auch Dürrenmatt bekennen muß, auf neuer Ebene eine neue Affinität zwischen Schiller und den Dramatikern unserer Zeit. Sie alle sind *sentimentalische Dichter*. Den Ausdruck hat Schiller selbst geprägt, um den Gegentyp zum naiven Dichter herauszuarbeiten. Der sentimentalische Dichter lebt und schafft in einer zerrissenen Welt, worin der Gegensatz zwischen Ideal und Wirklichkeit in erschreckender Weise spürbar wurde. Satire und Elegie sind daher die eigentlichen Grundformen, mit denen der sentimentalische Dichter zu arbeiten gewohnt ist. Das alles steht schon bei Schiller. Es ist aktuell geblieben, weshalb Dürrenmatt fortfahren muß: »Schiller ist ein gar zu bequemer Gegenstand, ein leider auch hochpolitischer Fall. Es dürfte klar sein, daß ich mit meiner Auslegung des naiven und sentimentalischen Theaters scheinbar Schiller verfehlt und Brecht getroffen habe, der ja überhaupt, sieht man genauer hin, in vielem mit Schiller zu vergleichen ist.«

Wie denn, was denn? Brecht konnte sich nicht genug tun in seinem Spott über Schiller und wird nun vom jüngeren Dramatiker, der den Dichter des ›Galilei‹ sehr bewundert, plötzlich in enge Nachbarschaft zum deutschen Klassiker gebracht? Aber Dürrenmatt weiß, was er sagt. Er charakterisiert Brecht durchaus richtig, wenn er formuliert: »Dieser große Schriftsteller stellt die extremste Form des sentimentalischen Dichters dar«. Man darf sogleich hinzusetzen, daß auch Dürrenmatt selbst den Typ eines sentimentalischen Dichters in Schillers Sinne repräsentiert, wie wohl überhaupt in der modernen Gesellschaft *nur* diese Form des Dichtertums, die Schiller auch als eine eigene Kunstform empfand, möglich sein dürfte. Brecht sehnte sich zwar in seiner letzten Lebenszeit danach, wieder ein naiver Dichter ganz neuer Art werden zu können, aber er blieb ein sentimentalischer Dichter in einer gespaltenen Welt.

Schillers Dramaturgie arbeitete mit den Prinzipien der Schuld, der Sühne und der geistigen Wandlung seiner Helden. Brecht leugnete diese Prinzipien. Nur einmal erlaubte er der Frau Carrar, eine Wandlung vorzunehmen, die bloß als politische Entscheidung verstanden wurde. Mutter Courage dagegen wandelt sich ausdrücklich nicht. Galilei scheint sich durch einen Widerruf zu wandeln, aber dadurch bewirkt er nach Brechts Absicht keine Läuterung, erregt weder Mitleid noch Furcht. Schuldlos war Galilei vor dem Widerruf; als er sich zu wandeln schien, wurde er eben dadurch schuldig. Hier scheint ein extremer Gegensatz zwischen Brecht und Schiller spürbar zu werden. Auch darin übrigens, daß Brecht in seinen Anmerkungen zum ›Leben der Galilei‹ ausdrücklich betont, das Werk stelle *keine Tragödie* dar. Wobei offen blieb, ob Brecht die Möglichkeiten einer Tragödie im zwanzigsten Jahrhundert noch zuzulassen gedachte.

Dürrenmatt ging einen Schritt weiter. In seinem Versuch über ›Theaterprobleme‹ von 1955 hatte er die Möglichkeiten einer Tragödie in der Gegenwart durchaus geleugnet. Unsere Zeit ist nur noch in der Form der Komödie zu erfassen und darzustellen. Darum entfernte er sich als Dramatiker noch weiter von Schiller, als das Brecht tat. Schiller hatte die Überlieferung insofern fortgesetzt, als er seinen Freiheitshelden – Marquis Posa oder Mortimer – kurz vor dem unvermeidlichen Untergang noch die Möglichkeit gab, in schönen Versen und Gefühlen den geistigen Widerstand der freien Persönlichkeit gegenüber der Staatsmacht zu verkünden. Dürrenmatt weiß, daß diese Zeiten vorbei sind. Die Tragödie der Antigone als offen ausgespielter Konflikt zwischen Staatsmacht und widerstehender Einzelpersönlichkeit findet nicht mehr statt. »Kreons Sekretäre erledigen den Fall Antigone.« Auch dieser Satz steht bei Dürrenmatt. Joseph K. aus Kafkas ›Prozeß‹ wird irgendwann einmal abgeholt und »wie ein Hund« niedergemacht. Dürrenmatt hat in einem Hörspiel diese anonyme Erledigung einer heutigen Antigone oder eines heutigen Marquis Posa gleichfalls behandelt. Alles weist darauf hin, daß man mit Schiller, dem eigentlichen Schiller nämlich, als einem Dichter der politischen Existenz und der Freiheitsproblematik, noch lange nicht zu Ende ist.

Es ist nur allzu leicht, Schillers Aktualität zu leugnen. Je genauer man dieses dramatische Werk aber studiert, um so aktueller wird es, indem es immer wieder zur Auseinandersetzung zwingt: vor allem natürlich zum Widerstand. Um einige berühmte Begriffe Brechts auf Schiller anzuwenden: jeder Zugang zu Schiller ist heute als verhängnisvoll anzusehen, der es mit der ›Einfühlung‹ versucht. Unsere Gefühle sind nicht mehr die Gefühle der Schillerzeit. Der Weg der ›Verfremdung‹ dagegen ist durchaus möglich. Dann erscheint Schillers Werk in seinen wichtigsten Bestandteilen als Gestaltung einer Epoche, deren Probleme auch für uns permanent geblieben sind, deren Lösungen wir aber nicht mehr übernehmen können. Versteht man ihn jedoch in dieser Weise, so vermag Schiller auch heute noch auf uns als unser Zeitgenosse zu wirken. Auch auf die Gebildeten unter seinen Verächtern.

(1966)

3. Die Vorreden zu den »Räubern«

Der Historismus pflegt es mit Ranke zu halten: für ihn ist jede Epoche der Geschichte – und darum wohl auch jedes bedeutende Werk der Literaturgeschichte – »unmittelbar zu Gott«. Ranke hatte im *Politischen Gespräch* die europäischen Staaten in solcher Weise charakterisiert: »Individualitäten, eine der andern analog – aber wesentlich unabhängig voneinander.« Eine Geschichtsbetrachtung aber, die so verfährt, vermag sich vielleicht mit ungemein viel Feingefühl und Einfühlungsgabe in den jeweiligen »Geist der Zeiten« zu versetzen, allein sie wird der Gefahr nicht entgehen, dem Andrang des Interessanten und Faszinierenden zu erliegen. Wo alles als »geistige Wesenheit« betrachtet wird, alles im Sinne Rilkes »gerühmt« werden soll, verschwinden die Normierungen. Zwischen Wesentlichem und Unwesentlichem im Geschichtsablauf wird ebensowenig unterschieden wie zwischen menschenwürdigen und menschenunwürdigen Lebensformen. Das fragmentarische Lebenswerk Wilhelm Diltheys zeigt, wohin der Historismus, angewandt auf die Geistesgeschichte, führen muß.
Im Bereich deutscher Literaturwissenschaft scheint gegenwärtig, wenn man die Zeiten recht versteht, eine Gegenströmung zum Historismus sichtbar zu werden. Die verschiedenen Formen »verstehender« und »ordnender« Germanistik haben sich nacheinander im Zustand der Blüte, der Reife und der Überreife dargestellt: als schulmäßiges, fast detektivisches Forschen nach den »Einflüssen«; als Faszination des Germanisten vor der Dichterbiographie; als Schluß vom Erlebnis auf die Dichtung – und wieder von der Dichtung auf das Erlebnis: es gab

Gundolfs Götzenbilder und Nadlers imaginäre Literaturlandschaften.
Geschichtsphilosophisch gesehen äußert sich in all diesen untereinander so verschiedenartigen Forschungsmethoden und Betrachtungsweisen die Dekomposition eines bisher noch als gültig anerkannten Geschichtsbildes. Bekanntlich entsteht dort gerade der Historismus, wo es an einer wirklichen Geschichtsdeutung fehlt. Historismus: das sind die Teile in der Hand. Ohne die Bemühung aber, den Geschichtsablauf als einen gesetzlichen zu verstehen, kann auch der Literaturhistoriker nicht auskommen: denn immer wieder stößt er in seiner Sphäre auf die Beziehungen zum materiellen Seinsbereich. Wie will er das Thema der deutschen Klassik behandeln, ohne jenes der Französischen Revolution, wie die Literaturentwicklung des Jahres 1890 ohne die gleichzeitigen Kämpfe der deutschen Arbeiterbewegung, wie den Expressionismus ohne den ersten Krieg und Nachkrieg . . . Literaturgeschichte ist also Bestandteil, höchst selbständiger und in vielem eigengesetzlicher Bestandteil der Geschichtswissenschaft. Aber der Historiker muß nicht nur fragen, »wie es eigentlich gewesen ist«, er muß auch deuten und werten. Andererseits gibt es keine Bewertung der Geschichtsereignisse ohne ein aus dem Geschichtsablauf ableitbares Normensystem. Mit der Literaturwissenschaft verhält es sich nicht anders. Versucht man sich an Normierungen, die der geschichtlichen Beweiskraft entbehren, so landet man – wie die Schule Stefan Georges – in der baren Willkür. Glaubt man ohne normative Elemente in der Wissenschaft auszukommen, so erzeugt man bei allem Forschen bloß eine verwirrende Quantität literarhistorischer Fakten, ohne daß dabei das Spezifische der literarischen Gestalten und Werke sichtbar würde. Es ist

nicht zu verkennen, daß manche gegenwärtige Bemühung um die Begründung einer »Dichtungswissenschaft« neben, wenn nicht außerhalb der herkömmlichen Literaturgeschichtsforschung, dem Bestreben entspringt, Normen und Maßstäbe wieder einzuführen. Die Gefahren solcher Unternehmung aber sollte man gleichzeitig bedenken: hatte die bisherige Literaturhistorie in manchem ihrer Vertreter alles damit zu sagen geglaubt, daß sie Dichterbiographie, Entstehungsgeschichte der behandelten Werke, Kontakte zwischen Erlebtem und Gedichtetem, Einwirkung und Nachwirkung sorglich überprüfte, wobei ein ebenso breit angelegter wie unscharfer Begriff der »Literatur« zugrunde gelegt wurde, so droht mit der »Dichtungswissenschaft« eine Verengung des eigentlichen Forschungsbereichs einzutreten. Der allzu weit gespannte Bereich bisheriger Literaturbetrachtung reduziert sich im Grunde auf die Lyrik, auf lyrische Elemente in Epos und Drama, und zwar im wesentlichen auf eine betont »unpolitische« Lyrik.
Dadurch mag manches bei Günther und Goethe, Hölderlin und Stifter neu gedeutet, in eben erst entdeckter Schönheit sichtbar werden. Zu anderen großen Dichtergestalten aber versperrt sich diese Forschungsmethode selbst den Zugang. Sie wird notwendigerweise ungerecht werden und willkürlich urteilen. Vor der Gestalt Friedrich Schillers vor allem wird sie versagen.

Fruchtbarkeit oder Sterilität der Schiller-Forschung erweist sich weitgehend daran, ob es ihr gelingt, seine Lyrik und seine Ästhetik zu bewältigen. Leuchtkraft und Vitalität der dramatischen Werke sind nach wie vor derart intensiv, durch jede Schiller-Aufführung auf dem Theater von neuem bestätigt, daß hier die Gefahr der Fehldeutung nicht sehr ernst zu nehmen ist. Die Zeit ist vorbei, da Alfred Kerr eine Schiller-Aufführung gutmütig und aufdringlich gerührt ob ihrer dramatischen »Unzulänglichkeit« belächeln konnte. Anders steht es mit der Lyrik. Der Poesiebegriff der Symbolisten, in höchster Zuspitzung formuliert von Mallarmé und den Seinen, in Deutschland verwirklicht von so verschiedenartigen, unter sich doch insgeheim verbundenen Lyrikern wie George, Hofmannsthal, Rilke und Trakl, hat ein Prüfungsverfahren für das allein als »dichterisch« zu betrachtende Gedicht aufgestellt: und dieser Norm entsprechen Schillers Gedichte zweifellos nicht im mindesten. Hier liegt *eine* wichtige Aufgabe heutiger Schiller-Forschung. Sie wird über die verschiedenen Typen und Möglichkeiten deutscher Lyrik nachzudenken haben. Dichtungstypen, Gattungsfragen werden bedacht werden müssen, die es endlich wieder erlauben, Schillers Gedichte in ihrem besonderen Dichtungscharakter zu verstehen, ohne sie einem Testverfahren zu unterwerfen, das ihnen niemals gemäß sein kann.

Die *andere* Forschungsaufgabe normativer Art betrifft Schillers ästhetische Aufsätze und Traktate. Den historischen Umkreis der berühmten Essays hat die Schiller-Forschung genau dargestellt. Die literarhistorische Situation, das besondere kunstpolitische und ästhetisch normierende Wollen Schillers ist immer wieder und ergebnisreich untersucht worden. Freilich wurde dabei der Gegenstand dieser Forschung, mit Hegel zu sprechen, nicht selten als »abgelebte Gestalt« betrachtet. Man entwickelte die Grundgedanken der Schillerschen Ästhetik, zeigte mit großer Sorgfalt sowohl den Anteil Kants wie den Originalbereich Schillers auf, entwickelte die verschiedenen Phasen einer theoretischen Selbstverständigung – wobei allerdings die erhebliche und bedeutungsvolle Frage nach der überhistorischen, also auch nach der aktuellen Geltung von Schillers ästhetischen Kategorien überhaupt nicht mehr gestellt wurde.

Betrachtet man jedoch »Klassik« nicht bloß als einen historischen, sondern auch als einen normativen Begriff, in dem Sinne also, den Goethe und Schiller für sich konzipiert hatten, zum Beispiel in Goethes Frage nach dem »klassischen Nationalautor«, so wird man genötigt sein, die geschichtlich entstandenen und formulierten ästhetischen Kategorien Schillers und Goethes nicht bloß nach ihrer historischen Aussagekraft zu befragen, sondern auch nach ihrer allgemeiner gehaltenen, um nicht zu sagen überhistorischen Gesetzeskraft. Daß man hierbei gerade an Schillers tiefsinnigen und scharfsinnigen Erörterungen zu Fragen der Kunst die Ansätze zu einem äshetischen Normensystem auch für unsere Gegenwart wiederentdecken könnte, mag an einigen Bemerkungen zum ästhetisch-normativen Gehalt der beiden Vorreden zu den *Räubern* – also an einem »vorklassischen« Schillertext – demonstriert werden: beabsichtigt ist nicht eine Neudeutung dieser berühmten Literaturdokumente, sondern eine Anregung zu neuen Ansätzen der Klassikforschung. Es versteht sich, daß die eigentlichen Meisterwerke der Schiller-Ästhetik, der große Versuch *Über naive und sentimentalische Dichtung* oder die *Briefe über die ästhetische Erziehung des Menschen*, ungleich Schlüssigeres (neben vielem Ephemeren) in sich bergen als die beiden Vorreden des noch nicht zweiundzwanzigjährigen jungen Schiller.

Was heute über die Entstehung der Vorreden, also die ursprüngliche Fassung, die Schiller unterdrückte, und dann die Vorrede zur sogenannten »Schauspiel«-Fassung forschungsmäßig gesagt werden kann, hat Herbert Stubenrauch in dem *Räuber*-Band der Nationalausgabe ausgeführt. Er weist nach, daß mit dem Satz des eigentlichen Schauspieltextes Anfang März 1781 begonnen wurde, während die Vorrede, die bekanntlich datiert ist: »Geschrieben in der Ostermesse. 1781«, demgemäß erst nach beendetem Druck des Schauspiels, nämlich am 6. Mai 1781, dem Sonntag der Buchhändlermesse, abgeschlossen wurde. Die Vermutung, daß Schwan, dessen Einfluß beim Mannheimer Nationaltheater dem jungen Schiller wohlbekannt war, die apologetische Tendenz dieser Vorrede beeinflußt hat, kann sich auf gute wissenschaftliche Argumente stützen. Legt man diesen Entstehungstatbestand zugrunde, so ergibt sich die nur scheinbar paradoxe Konstellation, daß der jugendliche Verfasser der *Räuber* in seiner Vorrede zur ersten Buchausgabe und noch viel akzentuierter in der Urfassung dieser Vorrede den Gedanken von sich weist, als könne das nun vorgelegte Schauspiel jemals auf die Bühne gebracht werden: während die geheime Absicht dahin zielt, gerade mit Hilfe dieser Vorrede das Schauspiel dem öffentlichen Urteil so »mundgerecht« zu machen, daß eben doch eine Bühnenaufführung, und zwar möglichst eine Aufführung in Mannheim, in Betracht gezogen werden kann. Allerdings wäre noch eine andere Deutung dieser Vorrede in der Frage Dichter – Publikum – Schaubühne möglich. Stubenrauch betrachtet die Vorrede als eine dem Dichter »rasch abgedrungene Rechtfertigung«. Der historische Sachverhalt dürfte dieser These entsprechen, zumal in der Tat die typographische Anordnung der Erstausgabe darauf schließen läßt, daß ursprünglich an den Platz für eine Vorrede nicht gedacht worden war. Allein wenn der Bearbeiter des *Räuber*-Bandes unserer Nationalausgabe den Inhalt dieser Vorrede weitgehend als leicht ironisch gemeinte Polemik Schillers gegen

Schwan und den von diesem angeblich vertretenen »theatralischen Geschmack« deuten möchte, so verkleinert er damit den prinzipiellen geistigen Gehalt dieser Vorrede. Stubenrauch sagt: »Da Schiller aus Schwans Kritik belehrt sein mochte, wie leicht Idee und Ökonomie seines Werkes verkannt werden konnten, hielt er sich für sein Nachgeben durch eine Vorrede schadlos, die von unverhohlener Geringschätzung für das Theater und sein Publikum durchtränkt ist und mit lässiger Ironie davon abrät, sein ›Trauerspiel auf der Bühne zu wagen‹.«
In gewissem Sinne mag das für die Erstfassung der Vorrede zutreffen. Allein sie wurde bekanntlich von Schiller selbst, als er die Druckbogen vor sich sah, zurückgezogen. Durch den Abzug, den er Wilhelm Petersen überließ, ist sie uns erhalten geblieben. In der Neufassung der Vorrede aber, die bis auf wenige Sätze gegenüber der Erstfassung völlig neu formuliert und akzentuiert wurde, geht es Schiller ersichtlich darum, die Bühnenmöglichkeit, wenn nicht sogar Bühnenwirksamkeit seines Schauspiels, allen gegenteiligen Versicherungen zum Trotz, hervorzukehren. Wozu sonst würde er so ausführlich die »Ökonomie« des Schauspiels zu erklären suchen, zielte er damit nicht auf den Begriff der Bühnenökonomie, also der Spielbarkeit des Werkes. Nimmt man die Gesamtanlage der schließlich publizierten Vorrede, so dient sie einer Rechtfertigung des Schauspiels als eines Bühnenstücks. Mehr noch: die Vorrede möchte dem Leserpublikum Lust machen, ein solches, allen bisherigen Theatertraditionen widerstrebendes Schauspiel nun auf der Bühne zu sehen. Erst als Schiller glaubt, durch seine Argumente den Spannungscharakter seiner Dramaturgie gegenüber langweiliger Schwarzweißmalerei und allen »idealischen Affektationen« genügend herausgestrichen zu

haben, kommt er – nicht ohne eine gewisse Ziererei – zu dem Ergebnis: »Aber eben darum will ich selbst mißrathen haben, dieses mein Schauspiel auf der Bühne zu wagen.« Man wird also die beiden Vorreden doch für mehr halten müssen als bloße Erzeugnisse des Trotzes oder der literarischen Diplomatie. Schließlich haben wir nicht bloß eine höchst eigentümliche Selbstinterpretation vor uns, sondern auch die erste dramaturgisch-ästhetische Bekundung eines der größten Theoretiker unserer Nationalliteratur.

Die *Erstfassung* der Vorrede geht noch von dem Gedanken aus: das Drama sei eine höchste Kunstform, verdiene den Vorrang gegenüber der epischen Gattung und bedürfe, um diesen Vorrang zu behaupten, keineswegs der theatralischen Darstellung. Die Aufführbarkeit als »unentbehrliches Requisitum« des Dramas wird geleugnet. Dabei ist der junge Schiller zunächst durchaus Schüler der *Hamburgischen Dramaturgie*. Shakespeare und Corneille werden gegeneinandergestellt, wobei Schiller der Dramatik des französischen Klassizismus sogar eine Art epischen Grundzug, eine Art Versündigung also gegen die angeblichen dramatischen Grundgesetze, vorwirft. »Wenn der unbändige Grimm in dem entsetzlichen Ausbruch: *er hat keine Kinder!* aus Makduff redet, ist diß nicht wahrer und Herzeinschneidender als wenn der alte Diego seinen Sakspiegel herauslangt, und sich auf offenem Theater begucket?

o Rage! o Désespoir!«

Macduff in Shakespeares *Macbeth* wird also mit Corneilles Don Diego aus dem *Cid* konfrontiert. Der eine, echtem dramatischen Brauch entsprechend, äußere seine Empfindungen nur in engster Funktion mit der Aktion selbst. Seine Empfindung wirke also unmittelbar. Der andere, die Gestalt Corneilles, reflektiere über die eigene Empfindung

– o Wut, o Verzweiflung! –, demonstriere also Empfindungen nur in vermittelter, gespiegelter Form. Hier haben wir seit Lessing einen Haupteinwand der deutschen Dichter gegen die französische literarische Tradition. Die klassische Fassung hatte dieser auch in Schillers Vorrede wiederkehrende Gedanke zehn Jahre vor Schiller in Nr. 200 des *Wandsbeker Boten* von 1771 gefunden. Unter der Überschrift *Vergleichung* hieß es da in den Versen des Matthias Claudius:

Voltaire und Shakespeare: der eine
Ist was der andre scheint.
Meister Arouet sagt: ich weine;
Und Shakespeare weint.

Seitdem aber waren zehn Jahre vergangen. Erweist sich Schiller in seiner Argumentation als echter Stürmer und Dränger, so bietet er dafür zunächst nichts Neues, sondern bleibt in der zeitgenössischen Literaturtradition. Wenn er die Franzosen als »eiskalte Zuschauer ihrer Wuth, oder altkluge Professore ihrer Leidenschafft« bezeichnet, so ist auch dies (ein noch nicht zweiundzwanzigjähriger junger Mensch schreibt bekanntlich diese Vorrede!) wenig mehr als ein Gemeinplatz, zumal der reale Einfluß der französischen Dramatik auf den deutschen Theaterspielplan seit Lessings Wirken in Hamburg erheblich zurückgegangen war. In dieser Gedankenführung also liegt nicht die eigentliche Bedeutung der Schauspiel-Vorrede.
Bemerkenswerter ist Schillers Gedankengang nach der spekulativen Seite hin. Hier bereits finden wir den für Schiller später so typischen Konflikt zwischen Spekulation und Gestaltung, den er in den Briefen an Goethe selbst als Eigentümlichkeit seiner geistigen Gestalt beschrieben hat. Ausgezogen war er, um die Berechtigung eines Dramas

ohne Theater darzulegen. Dazu hatte er das Drama scharf gegen die scheinbar epischen, also undramatischen Bestandteile verteidigt. Nur bei solcher Themenstellung hatte die traditionelle These Shakespeare-Corneille einen Sinn. Nun heißt es plötzlich weiter: »Ich kann demnach eine Geschichte Dramatisch abhandeln, ohne darum ein Drama schreiben zu wollen. Das heißt: Ich schreibe einen *dramatischen Roman*, und kein theatralisches Drama.« Ein dramatischer Roman aber ist nun wieder eine Mischgattung episch-dramatischer Art, denn in ihm müssen wie selbstverständlich die Berichtselemente (Bericht über Zustände statt der dramatischen Aktion, Bericht über Empfindungen statt unmittelbar im Handeln geäußerter Empfindungen) im Vordergrunde stehen.

Der junge Schiller hält sich auch nicht weiter bei diesen heiklen Themen auf: er kommt auf *»Die Räuber«* zu sprechen. Hatte er zunächst scheinbar behauptet, der Gesamtanlage, der »Ökonomie« nach müsse dieses Schauspiel der Bühne fernbleiben, so will er es nun um des Inhalts willen bloß dem Leser, nicht aber dem Theaterbesucher präsentieren. Nun folgt allerdings ein Gedankengang, der so scharf polemisch und kulturkritisch gehalten ist, daß man keineswegs sagen wird, Schiller habe die Aufführung des Schauspiels nicht gewollt. (Übrigens hat er sie bekanntlich sogleich nach Kräften gefördert, als die Mannheimer Bühne ein gewisses Interesse bekundet hatte.) Nicht gegen die Aufführbarkeit an sich wird polemisiert, sondern gegen einen Publikumsgeschmack, der bei einer etwaigen Aufführung des Werkes bloß zu Mißverständnissen und Theaterskandalen führen würde. Der junge Dramatiker muß bekennen, daß hier mancher Charakter auftritt, »der das feinere Gefühl der Tugend beleidigt, und die Zärtlichkeit unserer Sitten empört«. Das ist der unverkennbare Hohn. Diesen Satz übernahm Schiller auch in die endgültige Fassung der Vorrede. Nicht dagegen die zornige Diatribe, die in der Erstfassung dann folgte und wie ein Stück aus dem ersten Monolog des Karl Moor anmutet: »Ich wünschte zur Ehre der Menschheit, daß ich hier nichts denn Karrikaturen geliefert hätte, muß aber gestehen, so fruchtbarer meine Weltkenntnis wird, so ärmer wird mein Karrikaturen-Register.« Dann geht Schiller zur Verteidigung der »negativen« Charaktere über. Ersichtlich hat er Franz, Spiegelberg und auch einzelne andere Räuber im Auge und bemüht sich nachzuweisen, daß nur als Mischform diese im wesentlichen negativen Charaktere, also nur als Amalgam aus Glanz und Elend, dramatisch wirksam werden können. In der Erstfassung wird dies so wichtige Thema nur kurz abgehandelt. In der endgültigen Fassung stellt Schiller diesen Gedankengang in den Mittelpunkt. In der Erstfassung beruft er sich noch auf Christian Garve als Eideshelfer, während die endgültige Publikation bloß noch mit der Lebenserfahrung argumentiert, nicht aber mit Garves philosophischer Anthropologie.

Zweierlei ist dabei zu bemerken: Schiller hatte zunächst den Mischcharakter der dramatischen Gattung verteidigt, also den »dramatischen Roman«. Nunmehr verkündet er die Theorie einer Mischform der dramatischen Charaktere. Natürlich ist auch hier viel Shakespearisieren im Sinne der Sturm-und-Drang-Theorie zu spüren. Manche Sätze dieser ersten Vorrede könnten in Lenzens *»Anmerkungen übers Theater«* stehen. Dennoch ist die eigentümliche Bemühung des jungen Schiller unverkennbar, von den sogenannten »reinen« Formen der Gattung und auch innerhalb einer Gattung wegzukommen.

Nicht minder wichtig ist der Hinweis auf die Lebenswahrheit solcher gemischter Charaktere. Indem Garve zitiert wird, soll durch seine Autorität ein Lebenstatbestand erhärtet werden. Die Räuber sind Mischcharaktere – und auch Garve lehrt, daß selbst Bösewichter in gewissem Sinne edel, gut, klar denkend sein können. Dieser Gedankengang aber ist für Schiller notwendig, da es ihm auf die Beziehung von Kunstwahrheit und Lebenswahrheit ankommt.

Allein sogleich zieht der junge Polemiker in anderer Richtung zu Felde. Wie nämlich, wenn der Leser den Mischcharakter der negativen Gestalten, den Glanz ihrer Verruchtheit nur allzu sehr bewundern könnte? Wenn man sich nur allzu sehr, wie Schiller schreibt, »für meine Jagos interessieren könnte«? Dann würden abermals die Proportionen des Werkes verkannt; dann wäre vor allem das moralpädagogische Beginnen des Dramatikers mißlungen. Aber jetzt folgt eine bitterböse Diatribe gegen die gesellschaftliche Oberschicht, und zwar offensichtlich, der erwähnten Kleidung nach, sowohl der höfischen wie der bürgerlichen Observanz. »Der Pöbel hingegen (worunter ich s. v. v. nicht die Mistpantscher allein, sondern auch und noch vielmehr manchen Federhut, und manchen Tressenrock, und manchen weißen Kragen zu zählen Ursache habe), der Pöbel, will ich sagen, würde sich durch eine schöne Seite bestechen lassen, auch den häßlichen Grund zu schäzen, oder wohl gar eine Apologie des Lasters darinn finden, und seine eigene Kurzsichtigkeit den armen Dichter entgelten lassen, dem man gemeiniglich alles nur nicht Gerechtigkeit, wiederfahren läßt.« Nun mag man heute nicht ohne Lächeln diese Sätze lesen, die einen bejahrten, in schweren Lebensschicksalen vielerfahrenen Dichter vermuten lassen sollen, während hier ein ganz junger Mensch seinen dramatischen

Erstling vorlegt. Allein der gedankliche Zusammenhang zwischen solchen Sätzen der ursprünglichen Vorrede und gewissen Grundtendenzen des Schauspiels bleibt unverkennbar. Immerhin hat Schiller diese Ausfälle gegen die herrschende Oberschicht in der endgültigen Fassung ebenso gestrichen wie die vorangehende Attacke gegen die Lebenskarikaturen, die schlimmer seien als Bühnenkarikaturen.
Der Hinweis auf Wielands *»Abderiten«*, der nun folgt, ist in die endgültige Fassung übernommen worden. Es folgt aber noch eine reizende, kleine, fast dramatisch durchgestaltete Satire gegen das Philistertum aristokratisch-bürgerlicher Theaterbesucher in deutschen Landen. *»Emilia Galotti«* wird gespielt – und was erlebten im Zuschauerraum die gnädige Frau und das gnädige Fräulein, der Herr Offizier und der Friseur? Jeder sah nur, was seinem engsten Lebensbereich gemäß sein mochte. Das Ganze an der dramatischen Schöpfung aber sah und verstand offensichtlich keiner von ihnen. Eigene Überlegung oder Rat wohlmeinender Freunde haben auch diese reizende Szene, die in einem der späteren romantischen Antiphilisterstücke Tiecks oder Eichendorffs stehen könnte, geopfert und aus der endgültigen Fassung entfernt. Dennoch ging es offensichtlich um mehr als bloße Sozialsatire. Der Sinn einer solchen Schilderung – wobei Schiller abermals eine dramatische Form verwendet, indem er nämlich, statt selbst zu argumentieren, mitten im Essay erfundene Charaktere auftreten und für sich argumentieren läßt – könnte nimmermehr dahingehen, die Unmöglichkeit einer *Räuber*-Aufführung zu demonstrieren, sondern müßte, nahm man den Dichter beim Wort, zu einer Erziehung des Publikums, einer Läuterung des Geschmacks, zu literarischer Umbildung des Publikums, der Leser wie der Theaterbesucher, Anlaß geben.

Gar so weit ist also der Weg gar nicht, der von dieser ersten *Räuber*-Vorrede zur Mannheimer Rede über *Die Schaubühne als moralische Anstalt* führt und schließlich zu den *Briefen über die ästhetische Erziehung des Menschen* ... Damit ist im Grunde alles gesagt. Die Behauptung, das Schauspiel sei unaufführbar, seiner Aufführung zu widerraten, der Beifall des Zuschauers werde nicht als Maßstab für den Wert des Dramas genommen, entbehrt der Überzeugungskraft. Hier mag in der Tat eine Ironie des Vorwortschreibers gegen Schwan und seine Ratschläge gefunden werden. Aber das Wesentliche der Vorrede liegt nicht hier.
Noch deutlicher wird dieser Sachverhalt vor dem Text der *endgültigen Fassung* dieser Vorrede. Er ist länger als die ursprüngliche Fassung. Vor allem ist er reifer und tiefer. Manche sozialkritische Pointe wurde geopfert; dafür aber ersteht das ästhetische Credo des jungen Dramatikers in scharfer und klarer Prägung.
Schon der erste Absatz dieses einleitenden Essays verzichtet, gegenüber der Erstfassung, auf alle traditionelle Erörterung der Gattungen und Regeln. Der junge Schiller hat offensichtlich beim Überlesen des gedruckten Urentwurfs seine Bedenken gehabt, so ohne weitere Vorbereitung und im Grunde ohne besonderen Anlaß die ästhetische Theorie einer Mischgattung, die Berechtigung nämlich eines »dramatischen Romans« dem Publikum darzubieten. Daher spricht er nunmehr bloß von einer dramatischen Geschichte, ohne sich auf deren regelhafte Berechtigung oder Regelwidrigkeit festzulegen.
Von der ursprünglichen Auseinandersetzung über den Primat des Dramatischen, also der Entscheidung zwischen Shakespeare und Corneille, ist bloß noch ein weitläufiger Hinweis auf die »Vorteile der dramatischen Methode«

übriggeblieben, »die Seele gleichsam bei ihren geheimsten Operationen zu ertappen«. Im übrigen aber will Schiller auf eine Regeldiskussion verzichten. Ihm genügt die Nebenbemerkung, daß sein Schauspiel in jedem Falle den »allzuengen Pallisaden des Aristoteles und Batteux« widersprechen werde. Auch das ist eine Sturm-und-Drang-Position; denn für Lessing hatte noch die Auseinandersetzung mit der Ästhetik des Abbé Batteux und besonders natürlich des Aristoteles im Mittelpunkt gestanden. Lenz insbesondere hatte dagegen die gesamte Regeldiskussion, und zwar in Berufung auf Shakespeare, überhaupt von sich gewiesen, nicht ohne polemische Zuspitzung gegen Lessing.
Schiller ist vorsichtiger in der Formulierung; außerdem will er möglichst rasch zur Erläuterung des eigentlichen Schauspiels gelangen. Drei außerordentliche Charaktere sollen vorgestellt werden: ersichtlich denkt Schiller dabei als dritten neben den beiden Brüdern an Spiegelberg. Die ursprüngliche, leicht spöttische Satzprägung über die Verletzung der »Zärtlichkeit unserer Sitten« durch die Charaktere des Stückes wird übernommen. Dann aber folgen bemerkenswerte neue Gedanken, die diesmal so unverkennbar normativer Art sind, daß sie zum Ausgangspunkt aller normativen Erörterung der ästhetischen Anschauungen Schillers genommen werden sollten. Der junge Dramatiker verteidigt die Notwendigkeit, Untugend und Laster auf die Bühne zu bringen, dann fährt er fort: »Jeder Menschenmaler ist in diese Notwendigkeit gesetzt, wenn er anders eine Kopie der wirklichen Welt, und keine idealischen Affektationen, keine Kompendienmenschen will geliefert haben. Es ist einmal so die Mode in der Welt, daß die Guten durch die Bösen schattiert werden, und die Tugend in Kontrast mit dem Laster das lebendigste Kolorit erhält.«

Auf die Naturwahrheit des Geschehens kommt also alles an; wenngleich in wesentlich anderer Auffassung von Lebenswirklichkeit und Bühnenwirklichkeit, als sie Batteux gelehrt hatte. Schiller verbindet sogleich die ästhetische mit der ethischen Aufgabenstellung. Naturwahrheit auf der Bühne kann nur durch gemischte Charaktere erzielt werden, da man auch im Leben wohl kaum anderen als Mischungen aus Gut und Böse begegne. Außerdem könne man das Heldentum des Guten nur »im Kontrast mit dem Laster« sichtbar machen. Dann folgt eine Überlegung des Ethikers und Apologetikers: »Wer sich den Zweck vorgezeichnet, das Laster zu stürzen, und Religion, Moral und bürgerliche Geseze an ihren Feinden zu rächen, ein solcher muß das Laster in seiner nakten Abscheulichkeit enthüllen, und in seiner kolossalischen Größe vor das Auge der Menschheit stellen – er selbst muß augenblicklich seine nächtlichen Labyrinthe durchwandern, er muß sich in Empfindungen hineinzuzwingen wissen, unter deren Widernatürlichkeit sich seine Seele sträubt.« Vermutlich hat sich der Verfasser der *Räuber* gar nicht einmal so sehr gegen die Unnatürlichkeit der dargestellten Laster in der Seele gesträubt. Der Satz wirkt durchaus wie ein Zugeständnis an Schwan, wie eine Grenzüberschreitung des ästhetischen Bereichs in der Richtung des Erbaulichen. Sogleich nämlich kehrt Schiller zu künstlerischen Erwägungen zurück. Man spürt, wie sein Herz für seine Schurken schlägt, wie ihn, um das spätere Bild, das er anführt, zu gebrauchen, die Tigerschönheit eines Franz Moor fasziniert.

Dann wird Franz selbst vorgestellt. Die Anatomie des Lasters gedachte der Autor zu entwickeln. Es ist dabei bemerkenswert, daß sich Schiller, der technischen Struktur seines Zeitalters entsprechend, eines Bildes aus der Mechanik bedient und einmal vom »inneren Räderwerk« des Lasters, später geradezu von der »vollständigen Mechanik« des Lastersystems spricht. Fünfzig Jahre später wird ein Balzac, in neuen gesellschaftlichen Zusammenhängen, über die »Physiologie« des Lasters und der Tugend handeln.

Franz Moor wird als Intellektueller folgerichtigster Prägung vorgestellt, der es dahin gebracht habe, »seinen Verstand auf Unkosten seines Herzen zu verfeinern«. Wenn Schiller deutlich von ihm abrückt, diesen geistigen Ruhm ihm nicht neiden möchte, in dem jüngeren Moor einen Menschen erblickt, dem das Heilige, die Menschheit, die Gottheit nichts bedeuten, so liegt darin doch mehr als ein Zugeständnis an das offizielle Christentum und die herkömmliche Moral. Der Verfasser der *Räuber* ist Rousseauist; damit sieht er Franz Moor und in gewissem Sinne auch Spiegelberg als konsequente Aufklärer, sogar solche philosophisch-materialistischer Prägung, deren geistige Libertinage ihm als Laster erscheint. Dies vor allem ist wesentlich an der Beurteilung Franz Moors durch seinen Schöpfer: nicht so sehr die Untaten selbst, nicht so sehr der Vorsatz des Vatermords und Brudermords sind für Schiller ausschlaggebend bei der Beurteilung der Gestalt, sondern die geistigen Grundlagen, die den Vorsatz überhaupt erst aufkeimen ließen. Materialismus und Rationalismus sind für Schiller offensichtlich weltanschauliche Pflanzstätten des Lasters. Ganz ähnlich sah es Rousseau. Nicht minder vertrat später der rousseauistische Flügel der Jakobiner unter Führung Robespierres den Standpunkt, philosophischer Materialismus und Atheismus seien nichts anderes als aristokratische Entartung, Luxus einer verantwortungslosen Oberschicht. Auch dem jungen Schiller ist es in diesem

Sinne ernst mit seiner angeblichen Verteidigung von Moral und Religion durch den – richtig verstandenen – Text seines Schauspiels.

Wird die Gestalt des Franz Moor als Widerlegung des französischen philosophischen Materialismus und Atheismus verstanden, so haben wir in Schillers Deutung der Gestalt seines Karl Moor in gewissem Sinne auch bereits eine Kritik am Rousseauismus vor Augen. »Falsche Begriffe von Thätigkeit und Einfluß, Fülle der Kraft, die alle Geseze übersprudelt, mußten sich natürlicher Weise an bürgerlichen Verhältnissen zerschlagen, und zu diesen enthousiastischen Träumen von Größe und Wirksamkeit durfte sich nur eine Bitterkeit gegen die unidealistische Welt gesellen, so war der seltsame Donquixote fertig, den wir im Räuber Moor verabscheuen und lieben, bewundern und bedauern. Ich werde es hoffentlich nicht erst anmerken dörfen, daß ich dieses Gemählde so wenig nur allein Räubern vorhalte, als die Satyre des Spaniers nur allein Ritter geißelt.« Die »falschen Begriffe von Thätigkeit und Einfluß«, eine Kraftfülle, »die alle Gesetze übersprudelt« – darin erblickte man doch bisher die besonderen Kennzeichen des vom deutschen Sturm und Drang gepriesenen »Selbsthelfertums«. In diesem Geiste hatte der junge Goethe seinen Götz, Mahomet oder Prometheus geformt. Einflüsse Rousseaus hatten dabei wesentlich mitgebildet und mitgewirkt.

In Schillers *»Räubern«* dagegen haben wir, ein Jahrzehnt nach Goethes und Herders Straßburger Zusammentreffen, bereits den Ausklang des Sturm und Drang, die kritische Auseinandersetzung mit dessen Grundprinzipien vor Augen. Karl Moor ist ein Stürmer und Dränger, der nicht, wie Gottfried von Berlichingen, an den Umständen zugrunde geht, sondern an sich selbst, dem also auch kein preisender Nachruf am Schluß des Schauspiels gewährt werden kann. Daß Schiller mit der Gestalt seines Karl Moor nicht bloß weit über seine epische Vorlage, nämlich Schubarts Novelle vom verlorenen und wiedergefundenen Sohn, hinausgeht, sondern ebensosehr den Bereich der Sturm-und-Drang-Ethik überschreitet, darf nicht verkannt werden. Schillers Ironie unterstreicht denn auch: das Schicksal des Karl Moor solle nicht bloß Räubern und Räuberhauptleuten zu denken geben; bekanntlich gäbe es nicht bloß unter den fahrenden Rittern die Spezies des Don Quijote. Hier sollte jedes Wort genau gelesen und interpretiert werden. Nicht leicht ist schließlich auch die Kennzeichnung des Karl Moor als eines Don Quijote zu nehmen, was doch wohl heißen soll: als eines lebenden Anachronismus.

Aus diesen Gründen ist es Schiller durchaus ernst, bleibt es weit mehr als eine diplomatische Rechtfertigung, wenn die Vorrede nun erklärt, das Schauspiel, das hier zu lesen sei, diene der Verteidigung von Religion und »wahrer Moral«. In den Räubergestalten nämlich seien jene Zeitgenossen getroffen, die, der Tagesmode gemäß, danach strebten, ihren »Witz auf Kosten der Religion spielen zu lassen«. Abermals ist dies rousseauistische Abwehr der Aufklärungsideen. Diesmal ist wohl besonders an Spiegelberg gedacht; denn Franz und Karl waren bereits von ihrem Dichter interpretiert worden. Der ursprüngliche Gedankengang, nämlich die äshetische Rechtfertigung der besonderen Schauspieldramaturgie, wird dann von neuem aufgenommen. Indem Schiller auseinandergesetzt hatte, worin er die beispielhafte, die paradigmatische Bedeutung seines Stückes, seiner Handlungsführung und seiner Hauptgestalten erblicken möchte, glaubt er zugleich gezeigt zu haben, warum er, um diesen Zielen gerecht zu werden, die Laster und Untugenden in voller Lebenswahrheit, wenn nicht gar in bedeutender Überhöhung, habe darstellen müssen. »Wenn es mir darum zu thun ist, *ganze* Menschen hinzustellen, so muß ich auch ihre Vollkommenheiten mitnehmen, die auch dem bösesten nie ganz fehlen.« Daher die Schönheit des Tigers Franz und des Tigers Karl. Beherzigenswerte Bosheiten gegen Traktätchenliteratur und Erbauungsdramatik unterstreichen noch den Gedankengang: »Auch ist ein Mensch, der ganz Bosheit ist, schlechterdings kein Gegenstand der Kunst, und äußert eine zurückstoßende Kraft, statt daß er die Aufmerksamkeit der Leser fesseln sollte. Man würde umblättern, wenn er redet. Eine edle Seele erträgt so wenig anhaltende moralische Dissonanzen, als das Ohr das Gekrizel eines Messers auf Glas.« Damit hat Schiller wieder die Beziehung zum Anfang der Vorrede hergestellt. Er war davon ausgegangen, keine traktätchenhaften »Kompendienmenschen« auf die Bühne bringen zu wollen. Nun begründet er vom Ästhetischen her, warum das auch im Interesse sittlicher Wirkung notwendig sei: da ein Schurke, der nichts als Schurke ist, nur Langeweile, aber keine abschreckende Wirkung zu erzielen vermöchte. Die hier nur angedeutete Notwendigkeit einer Vermischung positiver und negativer Züge auch bei einer Gestaltung des Lasters hat später *Hegel* in einem Aufsatz *Wer denkt abstrakt?* sehr schön weiterentwickelt, indem er nachwies, es sei eine Eigentümlichkeit gerade des abstrakten Denkens, sogar noch in dem verurteilten Mörder insgesamt nichts anderes sehen zu wollen als – eben einen verurteilten Mörder.

Der jugendliche Verfasser der Vorrede, an dieser Stelle angekommen, scheint zu befürchten, zu weit gegangen zu sein. Eine Apologie des Lasters, allzu große Faszinationskraft der Franz, Karl oder Spiegelberg möchte er denn doch nicht bewirkt haben. Darum folgt – neben dem wenig überzeugenden Rat, das Schauspiel von der Bühne fernzuhalten – auch in dieser endgültigen Fassung der Vorrede, wenngleich im Ton abgemindert, eine Diatribe gegen pöbelhaftes Mißverstehen der dichterischen Absicht. In der ursprünglichen Fassung war hier neben dem Pöbel der »Mistpantscher«, vor allem jener im Federhut und Tressenrock, genannt worden. Diesmal heißt es, vorsichtiger ausgedrückt, aber in der gleichen Blickrichtung: »Der Pöbel, worunter ich keineswegs die Gassenkehrer allein will verstanden wissen, der Pöbel wurzelt (unter uns gesagt) weit um, und gibt zum Unglück – den Ton an.« Die glänzende kleine Dramatisierung solcher Pöbelurteile aus Anlaß einer Aufführung von *Emilia Galotti* ist, wie gesagt, nicht in die endgültige Fassung übernommen worden. Dafür bringt Schiller noch einmal den Hinweis auf das Verhältnis von Abdera und Demokrit, also auf Wielands berühmten Abderiten-Roman, der seinerseits, 1774 zuerst erschienen, unverkennbare Anspielungen gerade auf die Zustände des Mannheimer Nationaltheaters und nicht zuletzt auf Schillers Protektor Schwan enthalten hatte, weshalb in Schillers Hinweis auf Wielands Erfahrungen mit der Mannheimer Bühne (denn so muß man doch wohl diese Stelle über Abdera und Demokrit lesen, die in beiden Fassungen der Vorrede erscheint) eine leicht ironische Spitze gegen Schwan und den Mannheimer »mäßigenden« Einfluß erblickt werden muß.

Der Schluß der Vorrede ist spöttisch und auftrumpfend gehalten. Der Roßkäfer besagt nichts gegen die Perle; dem Feuer möge man nicht vorwerfen, daß es Brandwunden erzeuge, dem Wasser nicht, daß Menschen darin gelegentlich ertrunken seien. Der Leser aber möge damit zufrieden sein, daß schließlich auch in den *Räubern* die Tugend siegreich hervortrete. Das ist bekanntlich eine Lieblingsbosheit Schillers. Später sprach er davon, daß sich, zum guten Ende, »das Laster erbricht«, worauf sich die Tugend zu Tisch setze ...

Ernstgemeintes und Halbernstes, wirkliche Grundüberzeugung und ironische Apologetik sind also in beiden Vorreden eng miteinander verknüpft. Unangefochten aber von der Ironie des Verfassers bleiben die Kernüberzeugungen: Notwendigkeit der Lebenswahrheit, Kampf gegen den nichts als rationalistischen Philosophen, Abkehr vom unzeitgemäßen Selbsthelfertum, ästhetische Unergiebigkeit der Schwarzweißmalerei. Der ästhetische Realismus des jungen Schiller ist dabei über allen Zweifel erhaben.

Eine ironische Fügung der deutschen Literaturgeschichte hat es mit sich gebracht, daß mehr als ein halbes Jahrhundert nach Erscheinen der *Räuber* mitsamt Vorrede ein anderer, damals gleichfalls erst einundzwanzigjähriger genialer Dramatiker, Georg Büchner nämlich, mit nahezu den gleichen Worten und Argumenten sein Erstlingsschauspiel zu rechtfertigen suchte. In einem Brief vom 28. Juli 1835 schreibt *Georg Büchner* über *Dantons Tod* an seine Eltern und verlangt vom Dramatiker, der Lebenswahrheit und Geschichtswahrheit wiedergeben soll: »Sein Buch darf weder sittlicher noch unsittlicher sein als die Geschichte selbst; aber die Geschichte ist vom lieben Herrgott nicht zu einer Lektüre für junge Frauenzimmer geschaffen worden.« Und weiter: »Wenn man mir übrigens noch sagen wollte, der Dichter müsse die Welt nicht zeigen, wie sie ist, sondern wie sie sein sollte, so antworte ich, daß ich es nicht besser machen will als der liebe Gott, der die Welt gewiß gemacht hat, wie sie sein soll.« Dies letztere muß man so wörtlich nicht nehmen; Büchner schreibt an seine Eltern, die er beschwichtigen möchte.

Allein gerade hier ist ein Bekenntnis zur realistischen Literatur zu finden, das sich, bis in die Wortprägung hinein, schon in Schillers *Räuber*-Vorrede fand. Um so ironisch-verblüffender muß dann allerdings Büchners Satz aus diesem selben Brief wirken: »Mit einem Wort, ich halte viel auf Goethe oder Shakespeare, aber sehr wenig auf Schiller.« Der ganze Abstand zwischen 1781 und 1835 offenbart sich in dieser kurzen Briefstelle. Vom realen Schiller, dem Schöpfer der *»Räuber«*, führte der Weg zum Schiller-Bild, das die deutsche bürgerliche Nachwelt, dreißig Jahre nach dem Tode des großen Dichters, in den Konturen eines der von Büchner so ingrimmig gehaßten »Idealdichter« darzustellen liebte. Um so bedeutsamer ist dann die wirkliche gedankliche Übereinstimmung zwischen dem Dichter der *»Räuber«* und jenem des *»Danton«*. Daraus aber ergibt sich, daß diese geistigen Querverbindungen von Schiller zu Büchner weit mehr offenbaren als eine bloß geistesgeschichtliche Verwandtschaft. Hinter der nahezu gleichartigen Formulierung gleichartiger ästhetischer Gesichtspunkte in so verschiedenen Epochen wie jener des Jahres 1781 und der Zeit nach der Juli-Revolution von 1830 verbirgt sich doch wohl eine in gewissem Sinne »überhistorisch« zu verstehende ästhetische Gesetzlichkeit.

(1955)

4. Die Erzählungen

Sie sind authentischer Schiller. Man hat sie lange als zufällige Nebenprodukte eines Schriftstellers betrachtet, der seiner Neigung und wohl auch Begabung nach vor allem Dramatiker sei, philosophischer Lyriker und Theoretiker der Literatur, nicht eigentlich aber ein geborener Erzähler. Schiller selbst machte von seinen epischen Leistungen nicht viel Aufhebens, sie waren ihm Brotarbeit und journalistische Nebenleistung, die Tageserfolg haben und Geld einbringen sollten. Der Briefwechsel über den *Geisterseher* spricht das ganz unmißverständlich aus.

Da aber die Schiller-Forschung mehr als ein Jahrhundert lang die Maßstäbe ihrer Forschung in den Selbstaussagen und ästhetischen Theorien ihres Forschungsgegenstandes zu finden bemüht war, mußte sie – gemeinsam mit Schiller – diese wenigen Erzählungen und das Romanfragment als verhältnismäßig belanglos abtun. Merkwürdige Konstellation: Schillers dramatische Fragmente, die in vielen Fällen, wenn man einmal vom *Demetrius* absieht, über ein erstes Stadium der Ausarbeitung gar nicht hinausgelangt waren, haben die Literaturwissenschaft im allgemeinen weit mehr beschäftigt als das gedanklich und literarisch höchst bemerkenswerte große Romanfragment.

Diese Unterschätzung des Erzählers Schiller hat aber nicht bloß mit unkritischer Übernahme von Selbstaussagen des Dichters zu tun, sondern auch mit einer unhaltbaren Poetik allzu streng umrissener Gattungsbegriffe. Keinem von jenen, die einigermaßen achtlos am *Geisterseher*, am *Spiel des Schicksals* oder dem durchaus meisterhaften *Verbrecher aus verlorener Ehre* vorübergingen, wäre es eingefallen, Schillers große philosophische Schriften in ähnlicher Weise zu vernachlässigen. Selbst der Historiker Schiller wurde (sogar von jenen hochmütigen Fachleuten, die den einstigen Kollegen an der Universität Jena bloß als dilettierenden Geschichtswissenschaftler ansahen) mit größerer Aufmerksamkeit behandelt als der Erzähler Schiller. Daß aber die Erzählungen zusammen mit Schillers philosophischer Prosa und seiner Historik eine innere Einheit darstellten, blieb nahezu unerkannt, da auch Schiller selbst diesen Zusammenhang offenbar nicht hatte wahrnehmen wollen.

Abermals darf man von einer merkwürdigen Konstellation sprechen; liest man Schillers Briefwechsel mit Goethe oder Körner, so fällt auf, wie stark der Briefschreiber immer wieder auf reinliche Abgrenzung der Gattungen drängt, wenngleich er – bei seiner berühmten gemeinsamen Bemühung mit Goethe um die Festlegung der Grenzen zwischen epischer und dramatischer Dichtung – zugeben muß, daß der Dramatiker nicht ohne künstlerische Anleihen beim Epiker auszukommen vermag, und umgekehrt. In Wirklichkeit gibt es jedoch wenige Dichter, bei denen die Gattungsgrenzen, aller theoretischen Bemühung ungeachtet, im praktischen Kunstschaffen so sehr verwischt zu werden pflegen wie bei Schiller. Dieser Tatbestand hat bekanntlich dazu geführt, daß man sich immer wieder fragte, ob Schillers Gedichte überhaupt lyrische Schöpfungen seien, denn die Grenzen dieser Poesien waren zum Epischen wie zum Philosophischen hin fast unerlaubt weit geöffnet. In Schillers Dramen herrscht an spezifisch epischen und auch lyrischen »Einlagen« kein Mangel, es sei bloß an die *Braut von Messina* und den *Wilhelm Tell* als Werke aus der letzten Lebenszeit erinnert.

Mit Schillers prosaischen Schriften steht es nicht viel anders. Wo beginnt hier der Epiker, wo endet der Historiker und der philosophierende Essayist? Eine der kleineren Prosaschriften Schillers, die Anekdote über den *Herzog von Alba bei einem Frühstück auf dem Schloß zu Rudolstadt. Im Jahre 1547*, ist Nebenarbeit eines Historikers, der sich mit dem Abfall der Niederlande beschäftigt, und doch ein echtes Erzeugnis der Erzählkunst. Das *Philosophische Gespräch* aus dem *Geisterseher* ist gleichzeitig authentisches Romankapitel und philosophische Abhandlung in Form eines platonischen Dialogs. Wenn die Nationalausgabe von Schillers Werken das *Philosophische Gespräch* zwar in den Band aufnahm, der den Erzählungen des Dichters gewidmet war, aber getrennt von den beiden Büchern des Romanfragments präsentierte, wenngleich Schiller selbst das Gespräch ursprünglich durchaus in die Romanhandlung des zweiten Buches eingebaut hatte, so spürt man Verlegenheit. Es herrscht allenthalben Unsicherheit in der Klassifizierung. So richtig es sein mußte, den philosophischen Exkurs, der sich hier mitten im Romangeschehen vorfand und den Schiller bekanntlich bei späteren Veröffentlichungen des *Geistersehers* immer mehr zusammenstrich, in die Nähe des fragmentarischen Romans zu rücken, so unverkennbar blieb gleichzeitig, daß sich das philosophische Gespräch nicht übel auch unter den philosophischen Abhandlungen und Entwürfen ausgenommen hätte.

Woraus zu folgern ist, daß man vermutlich gut daran täte, Schillers Erzählungen weit stärker als bisher in den Gesamtzusammenhang der historischen und philosophischen Prosaschriften einzugliedern. Das gilt nicht bloß für die Anekdote vom *Herzog Alba* oder das philosophische Gespräch aus dem *Geisterseher*. Auch die eigentlichen Erzählungen sind ihrer Anlage nach weit davon entfernt, auf

strenge Distanz zur Geschichtswissenschaft und Philosophie zu achten. Schon in den Untertiteln bemüht sich der Erzähler Schiller, gleichsam wie ein Historiker darauf hinzuweisen, hier werde »wahres Geschehen« berichtet, also nicht frei fabuliert. Der *Verbrecher aus verlorener Ehre* ist, wie der Untertitel ankündigt, »Eine wahre Geschichte«. Das *Spiel des Schicksals* wird als »Ein Bruchstück aus einer wahren Geschichte« vorgestellt. Der *Geisterseher* wählt gleichzeitig eine historisierende Einkleidung, indem er sich als Stück »Aus den Memoiren des Grafen von O . . .« zu erkennen gibt. Neben der Bemühung um historische Genauigkeit steht in Schillers Erzählungen das Streben nach philosophischer Vertiefung der berichteten Vorgänge. Die wichtigsten und bedeutsamsten Arbeiten des Erzählers Schiller – *Der Verbrecher aus verlorener Ehre* und das Romanfragment – beginnen mit allgemeinen psychologischen und literaturtheoretischen Erwägungen, die erkennen lassen, daß die nachfolgenden Geschichten nicht um ihrer selbst willen erzählt werden, sondern als Illustrierung philosophischer und psychologischer Gesetzlichkeiten angesehen werden sollen.
Man hat daraus gefolgert, der Erzähler Schiller stehe noch in der Überlieferung moralisierender Epik, wie man sie bei den Erzählern der europäischen Aufklärung allenthalben beobachten könne. Richtig ist daran, daß er in erstaunlichem Maße unbeeinflußt scheint von allen epischen Formen und Traditionen der sogenannten »Empfindsamkeit«, daß man also die Modelle seiner Erzählhaltung weder bei Rousseau und Sterne zu finden vermöchte noch in Goethes Werther. Schaut man aber genauer hin, so werden gleichzeitig auch die großen Gegensätze zwischen Schillers Erzählkunst und dem epischen Moralismus der Frühaufklärung sichtbar. Um es zugespitzt auszudrücken: der Lyriker Schil-

ler ist den poetischen Überlieferungen deutscher Aufklärungsdichtung weit stärker verhaftet als der Erzähler Schiller. Die philosophische Grundhaltung in diesen Berichten von wahrem oder angeblich wahrem Geschehen scheint hier kaum mehr – im Sinne der Aufklärungstradition – der Ableitung einer moralischen Lebensmaxime zu dienen. Dafür sorgt der Historiker, der diese Geschichten ebensogut als seine Angelegenheit betrachtet wie der Philosoph. In der Einleitung zum *Verbrecher aus verlorener Ehre* wehrt sich Schiller ausdrücklich gegen eine Lossprechung des Erzählers von den Geboten streng wahrheitsgetreuer Berichterstattung. Der Epiker dürfe es an Leidenschaft und Erhitzung seinem Helden nicht gleichtun wollen, denn das sei »eine Usurpation des Schriftstellers und beleidigt die republikanische Freiheit des lesenden Publikums, dem es zukömmt, selbst zu Gericht zu sitzen«. Emotion im Vortrag stehe bestenfalls dem »Redner und Dichter« an, also dem Rhetoriker und dem Lyriker. »Dem Geschichtsschreiber bleibt nur die letztere übrig«: streng sachliche und distanzierte Darstellung des Geschehens.
Die philosophische Grundhaltung in Schillers Erzählungen ist also nicht mehr als Illustrierung moralischer Verhaltensweise verstanden. Der Erzähler Schiller betrachtet seine Tätigkeit als Erweiterung des geschichtswissenschaftlichen Bereichs; auch als Erzähler gedenkt er Historiker zu bleiben. Die Erzählungen hängen so, will man sie bewerten, eng mit den großen Lebensbereichen des Historikers und Philosophen zusammen. Nur als Bestandteil dieser Gesamtleistung können sie in zutreffender Weise beurteilt werden. Dann wird sich freilich ergeben, daß sie authentischer Schiller sind, keineswegs also Neben- oder gar Abfallprodukte ihres Verfassers.

Das wird besonders deutlich, fragt man sich nach der *Entstehungszeit dieser Erzählungen.* Es zeigt sich nämlich, daß sich das epische Werk Schillers (im engeren Sinne einer belletristischen Prosa) eigentlich in die paar Jahre zwischen 1785 und 1790 zusammendrängt. (Wenn man von dem kleinen Frühwerk *Eine großmütige Handlung, aus der neuesten Geschichte*, das noch in Stuttgart entstand, füglich absieht.) Der *Verbrecher aus verlorener Ehre* wurde am 29. November 1785 an Göschen geschickt, um im zweiten Heft der *Thalia* zu erscheinen. Die *Anekdote vom Herzog Alba* entstand 1788 in Rudolstadt und wurde im *Teutschen Merkur* veröffentlicht. Im gleichen Jahre entstand die Erzählung vom *Spiel des Schicksals*, die gleichfalls in Wielands *Teutschem Merkur* zuerst veröffentlicht wurde, im Januar 1789. Mit der Niederschrift des *Geistersehers* begann Schiller im Herbst 1786. Das erste Buch erschien zum Beginn des Jahres 1787 in der *Thalia* und verschaffte der Zeitschrift dadurch eine große Lesergemeinde, die eifrig auf alle Fortsetzungen der spannenden Geschichte wartete. Spätestens gegen Ende des Jahres 1791 aber scheint Schiller endgültig darauf verzichtet zu haben, den Roman zu vollenden, von dem er schon am 17. März 1788 an Körner geschrieben hatte: »Es gibt wenig Beschäftigungen, die Korrespondenz mit dem Fräulein von A. nicht ausgenommen, bei denen ich mir eines sündlichen Zeitaufwandes so bewußt war, als bei dieser Schmiererei. Aber bezahlt wird es nun einmal.«
Wie dem sein möge, den Erzähler Schiller sehen wir eigentlich nur zwischen 1785 und 1790 am Werk. Man wird also annehmen dürfen, daß diese epischen Schöpfungen untrennbar verbunden sind mit der künstlerischen Gesamtsituation Schillers in jener Zeitspanne und Entwicklungsetappe. In Schillers Leben stellt sich diese Zeitspanne als

Etappe eines Schriftstellers dar, der trotz ephemerer Theater- und Literaturerfolge zum zweiten Mal gescheitert war: nach der Flucht aus Stuttgart hatte es im Grunde auch eine Art Flucht aus Mannheim gegeben. Die Mannheimische Dramaturgie war an den kurpfälzischen Verhältnissen ebenso gescheitert wie der Plan eines deutschen Nationaltheaters mit Mannheim als Mittelpunkt. Nach dem Mißerfolg des *Fiesko* hatte Schiller bereits unmutig gemeint, in den Adern der Pfälzer fließe kein Römerblut. Leicht war es nicht, auf alle dramaturgischen und journalistischen Pläne der Mannheimer Zeit zu verzichten, um Gastfreundschaft in Leipzig und Dresden für zunächst unbefristete Dauer in Anspruch zu nehmen. Die Tätigkeit eines Schriftstellers ohne Amt, ohne nachhaltigen Erfolg und ohne Vaterland. Die Vollendung des *Don Carlos* stellt sich als Prozeß einer tiefen künstlerischen Krise dar. Im Jahre 1786 entsteht nicht bloß das berühmte Gedicht *An die Freude*, sondern ebenfalls das für Schillers dualistische Weltansicht weitaus bemerkenswertere Poem *Resignation*, das von einer schroffen Antinomie zwischen Lebensglück und geistiger Größe zu künden weiß. Auch zwischen Hoffnung und Genuß bleibt dem Menschen nur die bange Wahl.

Daß Schiller bei dieser Antinomie von Hoffnung und Genuß nicht stehen zu bleiben gedachte, ist bekannt. Das gewaltige, wenngleich brüchige Gedicht *Die Künstler*, das zu Beginn des Jahres 1789 entstand, einer Zeit also, da auch der *Geisterseher* eines der wichtigsten Arbeitsthemen darstellte, bemüht sich bereits um eine neue philosophische Verbindung zwischen Künstlerleistung und Lebensbewährung. Die Berufung nach Jena auf die historische Professur bedeutete in Schillers Leben den Abschluß jener quälenden Phase eines literarischen Wirkens, das im Grunde bloß durch Freundschaft und Gastfreundschaft möglich geworden war. Schillers wichtigste Erzählungen sind Erzeugnisse einer Tagesschriftstellerei aus Notwendigkeit, wenn auch nicht eigentlich aus Not. Daß der Professor in Jena und später der berühmte Dichter, der von Weimar aus gemeinsam mit Goethe in die Welt hineinwirkte, niemals wieder ein Werk der erzählenden Kunst zum Arbeitsmittelpunkt gemacht hat, muß immerhin zu denken geben. Gedichte schrieb Schiller auch noch in der letzten Lebenszeit; die philosophische Studie *Über das Erhabene* von 1801 läßt erkennen, daß die großen ästhetischen Untersuchungen der frühen neunziger Jahre als weiterhin verpflichtend und stets von neuem überprüfbar angesehen wurden. Die Tätigkeit des Historikers Schiller gipfelt in der Darstellung des Dreißigjährigen Krieges, die 1793 abgeschlossen werden konnte. Dann hatte Schiller die innere Bindung an Professur, Universität, Geschichtsschreibung verloren. Das erzählerische Werk aber war für ihn offenbar untrennbar verbunden mit jener Zwischenexistenz der Jahre zwischen 1785 und 1789. Seit der Berufung nach Jena stellte sich die Tätigkeit als Prosaiker für ihn bloß noch in den Formen der Geschichtsschreibung und der philosophischen Essayistik dar, nicht mehr in Beiträgen einer reinen Erzählkunst.

Natürlich waren Schillers wichtige Erzählungen nicht bloß durch die Notwendigkeit der Tagesschriftstellerei, sondern auch durch die Existenz seiner Zeitschrift *Thalia* bestimmt, denn sowohl die »wahren Geschichten« wie die Fortsetzungsfolgen des *Geistersehers* wurden von Anfang an dafür konzipiert. Allein die *Thalia* erschien bis 1791 und wurde dann – da Schiller dem Herausgeben von Zeitschriften mit Leidenschaft zugetan blieb – durch die *Neue Thalia*, durch die *Horen* und schließlich durch den *Musenalmanach* abgelöst. An Gelegenheit für kürzere und wenig anstrengende Beiträge im Sinne der früheren Erzählungen hätte es also niemals gefehlt, aber Schiller vertraute seinen späteren Zeitschriften (und auch der *Thalia* in ihren letzten Jahrgängen) zwar Gedichte an, Rezensionen, Philosophisches, nicht aber mehr epische Belletristik. Der Verzicht auf Vollendung des *Geistersehers* bedeutete gleichzeitig die Absage an das erzählerische Schaffen im engeren und eigentlichen Sinne. Was der Erzähler Schiller zu leisten imstande war, mußte man seit 1789 an den Werken der Historiographie und der ästhetischen Dissertation ermessen.

Schillers Lebensentwicklung zwischen dem Scheitern in Mannheim und der Übersiedlung nach Jena fällt zusammen mit geschichtlich bedeutungsschweren Jahren, die sich für den nachlebenden Historiker als Ausklang des Ancien Regime und als Übergang in die revolutionäre Ära darstellten. Nur wenige Wochen liegen zwischen Schillers Jenenser Antrittsrede und dem Sturm auf die Bastille. Die Werke des Erzählers Schiller gehören in die letzten Jahre vor Ausbruch der Revolution, eine Epoche also, die sich, schon geraume Zeit vor Zusammentritt der französischen Nationalstände im Schlosse von Versailles, als Zustand einer geschichtlichen Wende dargestellt hatte. Amerikanischer Unabhängigkeitskampf und Halsbandaffäre zu Paris. Beaumarchais und Laclos, Freimaurer und Jesuiten, Reformen des Kaisers Joseph II. und Ausklang der Regierungszeit Friedrich II. in Preußen; wem so stark an einer geistigen Verknüpfung der Tagesereignisse gelegen war wie Schiller, dessen Schöpfungen, aller postulierten Allgemeingültigkeit ungeachtet, stets ihre Herkunft aus aktuellstem Geschehen erkennen lassen, dem entging nicht, daß mit Ablauf der achtziger Jahre eine ganze Weltepoche abschloß. Übrigens auch eine Ära deutscher Literaturentwicklung. Man pflegt die Zeit von 1770 bis 1789 im allgemeinen als Epoche des *Sturm und Drang* zu bezeichnen. Natürlich ist es mißlich, große geistige Strömungen gleichsam datenmäßig fixieren zu wollen, und ganz gewiß bedeutet das Jahr 1789 nicht wegen des Ausbruchs der Französischen Revolution gleichzeitig den Abschluß eines literarischen Wirkens der Stürmer und Dränger. Nur: das französische Ereignis, das auch in Deutschland und von deutschen Schriftstellern erwogen und bewertet werden mußte, ließ erkennen, daß Sturm-und-Drang-Literatur nunmehr, wollte sie folgerichtig bleiben, den französischen Weg als Tat zum eigenen Gedanken verstehen mußte. Es sei denn, sie verzichtete ausdrücklich auf diese Folgerung. Dann aber vollzog sie mit der Absage an die Französische Revolution zugleich die Absage an den eigenen »Sturm und Drang«. Für Schiller war schon einige Jahre früher die Entscheidung gefallen: Absage an den Sturm und Drang und damit an die eigenen Anfänge. Wobei nicht unbemerkt bleiben sollte, daß die *Räuber* des Stürmers und Drängers Schiller, die ihm den Ehrenbürgerbrief des Nationalkonvents mit Dantons Unterschrift eintragen sollten, in sich bereits eine erste Absage an das Selbsthelfertum dargestellt hatten. Der Räuber Moor war zwar noch ein Selbsthelfer in anarchischer Zeit wie der Götz von Berlichingen, bedeutete aber gleichzeitig schon eine »Zurücknahme« des Selbsthelferprinzips. Im Unterschied zum Stürmer und Dränger Goethe war der junge Schiller niemals ein Anhänger der historischen Ideen Justus Mösers.

Die Jahre zwischen 1785 und 1789 bedeuteten eine umfassende Absage Schillers an den literarischen Sturm und

Drang, da die gesellschaftlichen Verhältnisse in Deutschland ganz offensichtlich keinerlei Möglichkeiten boten, jene praktischen und politischen Folgerungen zu ziehen, die ein Werk wie *Kabale und Liebe* zu postulieren schien. Was immer Schiller in den Jahren des ausgehenden Ancien Regime und der heraufziehenden Revolution schrieb, es hing mit dem Sturm und Drang zusammen, mit der Absage an ihn. Die Professur in Jena schließlich bekundete im Leben des einstigen *Räuber*-Dichters eine »Revokation«, weshalb der gewaltige Studentenandrang zu Schillers Antrittsvorlesung nur zu berechtigt war. Man wollte es sich nicht entgehen lassen, den einstigen Dichter der *Räuber* und der *Luise Millerin* auf dem akademischen Katheder zu sehen. Ein Jahr später entstand Schillers berühmt-berüchtigte Rezension von Gottfried August Bürgers Gedichten als letzte Aktion dieses jahrelangen Prozesses einer Auseinandersetzung mit der eigenen Vergangenheit und mit jener literarischen Bewegung, die ihn einst emporgetragen hatte.
Auch Schillers wichtigste Erzählungen sind Auseinandersetzungen mit den Sturm-und-Drang-Problemen. Das *Spiel des Schicksals* beschwört die Erinnerung an Schubart, an Herzog Karl Eugen, an württembergische Fürstenwillkür herauf. Die Schilderung der Militär- und Hofintrigen kann sich des Erfahrungsmaterials bedienen, das einst für *Kabale und Liebe* verwendet worden war. Daß auch hier die Auseinandersetzung zwischen Feudalität und Bürgerwelt eine Rolle spielt, verrät bereits der erste Satz der Geschichte, denn ihr Held wird als »der Sohn eines Bürgerlichen von Stande« vorgestellt, der nun in die Welt der höfischen Kabale gerät. Aber die Durchführung der Geschichte, erst recht ihr Ausklang, hat nichts mehr mit der einstigen Sturm-und-Drang-Position zu tun. Bei Darstellung der Le-

bensgeschichte seines Helden Aloysius von G . . . scheint Schiller, wie später bei der Arbeit an der Gestalt des Wallenstein, eifrig bestrebt zu sein, jegliches Mitgefühl des Lesers mit dem Opfer von Ungnade und fürstlicher Willkür zu vereiteln. Die Schlußsätze zeigen einen Menschen, der zwar rehabilitiert wurde, aber in keiner Weise durch Leiden zu höherer Menschlichkeit oder gar zur Absage an die höfische Welt veranlaßt worden wäre. Aloyisus von G . . . ist ein Bürgerlicher, der sich der fürstlichen Gunst verschrieben hat und nun genötigt ist, das »Spiel des Schicksals«, also von Gnade und Ungnade, nicht nur zu erdulden, sondern innerlich zu akzeptieren, also »in seinen Willen aufzunehmen«. Kein schärferer Kontrast ist denkbar als zwischen *Kabale und Liebe* und der Erzählung vom *Spiel des Schicksals*, die aus der gleichen Lebens- und Erfahrungssubstanz des Dichters gespeist wurde.

Der *Verbrecher aus verlorener Ehre* bietet Selbsthelfer-Problematik im unmittelbarsten Sinne, denn der Gastwirtssohn Christian Wolf wird – wie der Sohn des Reichsgrafen von Moor – zum Anführer einer Räuberbande und endet wohl in ähnlicher Weise wie der Geliebte der Amalia von Edelreich. Dennoch liegt auch hier eine Welt zwischen der Position des *Räuber*-Dichters und jener des Erzählers Schiller, der die Geschichte des Sonnenwirts berichtet. Karl Moor ist durch eine Intrige zum Räuber und Mörder geworden, kaum durch eigene Schuld. Sein Räubertum wird von ihm lange Zeit als Handeln im Sinne ausgleichender Gerechtigkeit verstanden, bis er erkennen muß, daß dieses Selbsthelfertum nicht Gerechtigkeit zu bewirken imstande ist, sondern bloß Unordnung und damit auch wieder Ungerechtigkeit. Christian Wolf verstößt gegen bestehende Gesetze; er kann niemals beanspruchen, durch sein Tun eine neue Form der Gerechtigkeit zu verkörpern. Selbst seine Rache krankt am Mißverhältnis zwischen dem, was er erlitt, und dem, was er verübt. Der Erzähler Schiller deutet zwar an, daß Herzensträgheit der Richter diesen Menschen zugrunde gehen ließ, er ist aber weit davon entfernt, Mitleid oder gar Sympathie für Wolf beim Leser erzeugen zu wollen. Was den Historiker und Epiker am Stoffe reizte, war das *psychologische* Moment, die Kausalität des Verbrechertums, die Verknüpfung von Schuld und Schuldlosigkeit. Wolf wird schuldig und verurteilt, die Verurteilung verhindert seine Rückkehr ins bürgerliche Leben, so daß schließlich, nachdem ein Mord geschehen ist, nur noch die folgerichtige Akzeptierung eines gesetzlosen und gesetzwidrigen Lebens möglich wird. Diese ursächliche Verknüpfung will Schiller darstellen. Hier befindet er sich, wie er selbst rasch erkennen sollte, in unmittelbarer Nachbarschaft von Karl Philipp Moritz und dessen Roman *Anton Reiser*, der gleichfalls zwischen 1785 und 1790 entstand und im Untertitel ausdrücklich als *Ein psychologischer Roman* bezeichnet wurde. Das Selbsthelfer-Problem in den *Räubern* war, entsprechend den Postulaten der Sturm-und-Drang-Bewegung, als äußerst zugespitzte gesellschaftliche Auseinandersetzung dargestellt worden, als ein Werk des bürgerlichen Protests, wenngleich die Grenzen seiner Möglichkeit bereits sichtbar gemacht wurden. Im Schicksal des Selbsthelfers und Verbrechers Christian Wolf dagegen wurde auf alle Fragen nach Berechtigung oder Unrecht in den Aktionen des Verbrechers aus verlorener Ehre verzichtet. Übrig blieb ein psychologisches Problem. Auch hier die entschiedene Form einer Absage an Positionen des Sturms und Drangs.

Untersucht man schließlich den merkwürdig komplizierten

Entstehungsprozeß des *Geistersehers*, der endlich dazu führte, daß der Roman unvollendet blieb, so lassen sich unschwer gewisse Phasen wiedererkennen, die Schiller bereits während der Arbeit am *Don Carlos* durchlebt hatte. Die Anfänge einer Beschäftigung mit der Geschichte des unglücklichen Infanten von Spanien reichten noch in die Zeit zurück, da Schiller die Grundhaltung eines bürgerlichen und aufgeklärten Protestes gegen Despotismus und kirchliche Orthodoxie einnahm. Am Schicksal von Philipps Sohn sollte gezeigt werden, mit welchen Mitteln der Intrige und sorgfältig gesponnenen Kabale eine vereinigte Macht katholischer Gegenreformation und höfischer Willkür imstande sei, einen reinen und für Humanität entflammten Menschen zugrunde zu richten. Dabei blieb es dann aber nicht. Wie sich der Dramatiker Schiller – nicht zuletzt unter Wielands Einfluß – dazu bereit fand, auf die leidenschaftliche Prosa seiner ersten Stücke zu Gunsten sorgfältiger Versgestaltung zu verzichten, so wurde auch der erste Impuls des Aufklärers (übrigens auch des Protestanten) Schiller zurückgedrängt, der sich vor allem gegen die Albas und Domingos gerichtet hatte. Der weitere Schaffensprozeß ist bekannt. Ein Zwischenstadium der Freundschaftstragödie, schließlich aber, immer nachdrücklicher hervortretend, die neue Mittelpunktgestalt des Königs. Gegeninquisitorisches Pamphlet; Freundschaftskult im Sinne der Klopstockianer vom Göttinger Hainbund; schließlich die Vater- und Königstragödie.

Auch die ersten Impulse zum *Geisterseher* hingen offenbar mit dem Zorn des Stürmers und Drängers über die Welt der Albas und Domingos zusammen. Man weiß heute ziemlich genau, welche Tagesnachrichten und Lektüren bei Schiller den Anstoß zur Arbeit an der Geschichte des Prinzen von ** gegeben hatten. Mancherlei wurde hier mit der spezifischen Verknüpfungskunst eines Liebhabers spannender Sitten- und Kriminalgeschichten amalgamiert. Vor allem war es ein Aufsatz des Prinzen Friedrich Heinrich Eugen von Württemberg, eines Neffen des Herzogs Karl Eugen, der im Jahre 1786 veröffentlicht wurde und worin die Möglichkeit von Geistererscheinungen bejaht wurde. Woraus übrigens auch noch abzulesen war, daß der Verfasser, ein Prinz nämlich, der für die Erbfolge in Württemberg in Betracht kam, seinen Übertritt zum Katholizismus vorbereitete. In Schillers überwiegend protestantischer Heimat wurde daraus geschlossen, jesuitische Machenschaften hätten darauf hingewirkt, den Prinzen zu bekehren, um auf diese Weise eines Tages wieder ein katholisches Herzogshaus in Württemberg von Rom her lenken zu können. Daß der *Geisterseher*-Roman diese Richtung nehmen sollte, darf aus dem vorhandenen Text geschlossen werden. Der Prinz von ** nämlich wird durch geheime Mächte gelenkt, denen es ersichtlich darauf ankommt, ihn immer enger in materielle Abhängigkeit vom katholischen Klerus und in immer größere Gegnerschaft zu seinem eigenen – protestantischen – Fürstenhof in Deutschland zu bringen. Worauf im Verlauf der Erzählung gezeigt werden sollte, daß diese Betrebungen der geheimen katholischen Instanz zu dem Zweck unternommen wurden, dem Prinzen auf den Thron seines Landes zu verhelfen, wovon er vorerst noch durch das Vorhandensein näherer Kronanwärter entfernt ist.

Zum Thema des Jesuitismus und der geheimnisvollen Schicksalslenkung tritt die beherrschende Gestalt des großen *Scharlatans*, der im Roman durch die Gestalt des Armeniers repräsentiert wird. Auch hier ist bekannt, daß sich Schiller dabei vor allem durch die Berichte über Cagliostro

inspirieren ließ. Im August 1785 war der Betrug mit der Halsbandgeschichte in Versailles aufgedeckt worden. Der Prozeß gegen Cagliostro, bei dem dieser übrigens freigesprochen, dann aber aus Frankreich ausgewiesen wurde, hatte 1786 stattgefunden und leidenschaftliches Interesse in aller Welt erregt. Im gleichen Jahr 1786 hatte die Schriftstellerin Elise von der Recke in einem Aufsatz der *Berlinischen Monatsschrift*, den Schiller gelesen hatte, zumal Elise von der Recke mit Freunden der Körners in Dresden ihrerseits befreundet war, über die Verbindung der Magier und Geisterseher vom Schlage Cagliostros mit dem Jesuitenorden sehr merkwürdige Tatsachen mitgeteilt. Auch sonst hatte die *Berlinische Monatsschrift* über jesuitische Geheimtätigkeit im protestantischen Deutschland zu berichten gewußt. Als dann bald darauf in der gleichen Zeitschrift jener merkwürdige und katholisierende Artikel des württembergischen Prinzen über Geisterseherei erschien, war die thematische Komposition des Geisterseher-Romans vorbereitet: jesuitische Intrige; Magiertum in kirchlichem Auftrag; der große Scharlatan; Einsatz aller Mittel für einen protestantischen deutschen Prinzen.
Sind die Ursprünge des Geisterseher-Romans mithin gar nicht weit von jenen des *Don Carlos* entfernt, so wiederholt sich auch bei Schillers Arbeit an seinem Roman der gleiche Vorgang einer zentrifugalen Arbeitsentwicklung. Die vorhandenen Elemente damals aktueller Zeitgeschichte hatten zwar ausgereicht, das großartige erste Buch des Romans mit der Entlarvung des vorgeschobenen Geistersehers und dem Einblick in das große Spiel des gefährlichen Armeniers entstehen zu lassen, aber nun war der Punkt erreicht, wo das Grundkonzept nicht mehr so recht brauchbar zu sein schien, denn es handelte sich jetzt weit mehr darum, ähnlich

wie beim *Verbrecher aus verlorener Ehre*, den *psychologischen Prozeß*, der sich im Prinzen vollzog, genauer darzustellen.

Auch der *Geisterseher* zeigt im Romanaufbau alle Wandlungen Schillers in jener Epoche seiner Absage an den Sturm und Drang. Drei Entwicklungsphasen werden gleichzeitig zu drei Phasen der Romangestaltung: der aufklärerische und insgeheim zornige Bericht über Jesuitismus und Dunkelmännerei; eine Schaffensepoche und Romanepisode, die weitgehend der Darstellung psychologischer Zusammenhänge gewidmet ist, was vor allem im zweiten Buch an den Briefen des Barons von F . . . demonstriert wird; schließlich immer unaufhaltsamer der *Übergang von der Psychologie zur Philosophie*. Ihn repräsentiert am stärksten natürlich das große *Philosophische Gespräch* im Roman. Damit aber wurde ein Punkt erreicht, wo die neuen philosophischen Interessen des Romanautors eine so große Distanz zu den ursprünglichen Arbeitsimpulsen erreicht hatten, daß der Roman dadurch um alle Einheitlichkeit gebracht zu werden drohte. Es war also nicht bloß, wie man immer wieder annahm, weil man Schillers zahlreiche und höchst negative Selbstaussagen über den Roman nur allzu wörtlich auffaßte, das mangelnde Interesse des Dichters an einer Weiterführung der Geschichte, was die Vollendung des ungewöhnlichen epischen Produkts schließlich verhindert hat. Schwerer wog, daß die neue Hinwendung Schillers zur philosophischen Spekulation, die man zugleich als Ungenügen an den geistigen Positionen des Sturm und Drang erklären darf, dazu führen mußte, auf einen Abschluß der Geschichte zu verzichten.

Natürlich konnte Schiller, wenn er sich dafür die Zeit nahm, auch noch das dritte Buch des Romans fertig schreiben, worin offenbar zu zeigen war, wie der Prinz aus einem Zustand der Freigeisterei und Libertinage immer stärker in kirchliche Bindung und materielle Abhängigkeit gerät und dabei, möglicherweise abermals mit Hilfe des Armeniers, den Versuch unternimmt, durch verbrecherische Mittel in Deutschland auf den Thron zu gelangen. Das zu erfahren, mochte für die zahlreichen Leser der *Thalia* wichtig sein, die dem Fortgang der Geschichte entgegenharrten, aber für den Romanverfasser selbst war das kein ausreichender Grund zum Weiterschreiben. Schon das *Philosophische Gespräch* ließ es erheblich an organischer Bindung mit dem Romangeschehen fehlen. Der gutwillige Leser Christian Gottfried Körner hatte den Zusammenhang immer noch überschätzt, mußte sich aber von Schiller am 9. März 1789 in einem Brief sagen lassen, er habe die Bedeutung des philosophischen Dialogs für das Geschehen offenbar nicht richtig verstanden: »Aber *darin* hast Du, glaube ich, den Gesichtspunkt verfehlt, daß Du glaubst, die Handlungsart des Prinzen solle aus seiner Philosophie bewiesen werden: Sie soll nicht aus seiner Philosophie, sondern aus seiner *unsichern* Lage zwischen dieser Philosophie und zwischen seinen ehemaligen Lieblingsgefühlen, aus der Unzulänglichkeit dieses Vernunftgebäudes und aus einer daraus entstehenden Verlassenheit seines Wesens herfließen. Dein Irrtum besteht darin, daß Du meinst, diese angegebene Philosophie sollte die Motive zu seiner Lebensart hergeben. Nichts weniger, seine Unzufriedenheit mit dieser Philosophie gibt diese Motive her.« Schillers Empfindlichkeit war durchaus verständlich, Körners scheinbares Mißverstehen hatte in Wirklichkeit den inneren Bruch nur zu genau aufgespürt. Im *Philosophischen Gespräch* war sehr viel und durchaus ernsthaft von Schillers eigener philosophischer

Spekulation sichtbar geworden. Diese philosophischen Positionen wünschte er ernstgenommen zu sehen; brieflich tat er sich darauf sogar einiges zugute. Wenn dem aber so war, dann durfte das *Philosophische Gespräch* nicht als Ausdruck einer lasterhaften Geistes- und Sinneshaltung des Prinzen mißverstanden werden. Weshalb Schiller zwar sehr geschickt und spekulativ, eigentlich aber nur allzu geschickt die Erklärung gab, der Untergang des Prinzen werde nicht durch eine – offenbar an sich richtige – Philosophie erzeugt, wie Körner vermutet hatte, sondern durch das Mißverhältnis zwischen dieser Philosophie und der Lebensweise des Prinzen.

An dieser Stelle aber war in Wirklichkeit der Roman gescheitert. Die Philosophie hatte sich selbständig gemacht. Von ihr führte kein Weg mehr zurück zur ursprünglichen Romanhandlung, weder zum Cagliostro-Thema noch zum psychologischen Problem des Libertinismus und der Freigeisterei. Noch 1790 schreibt Schiller zwar an die Schwägerin Karoline, die weiteren Pläne mit dem *Geisterseher* seien weitaus interessanter, als alle Rezensenten zu ahnen vermöchten, die über den Fortgang der Geschichte gemutmaßt hatten. Aber diese Art der Interessantheit war offensichtlich so stark vom Philosophischen bestimmt, daß es den spekulierenden Romanverfasser viel stärker drängte, seine neuen Erkenntnisse der jetzt anhebenden kantianischen Phase in Form einer unmittelbaren philosophischen Abhandlung darzustellen, als sich der Vermittlung durch eine Romanhandlung zu bedienen. Auch hier zeigt es sich wiederum, wie notwendig es ist, Schillers Erzählungen und seinen Romantorso im engen Zusammenhang mit seinen historischen und philosophischen Schriften zu verstehen.

In der formalen Anlage entspricht auch der Geisterseher den Forderungen, die der Erzähler Schiller in seiner ausführlichen Einleitung zum *Verbrecher aus verlorener Ehre* aufgestellt hatte. Alles wird getan, um beim Leser den Eindruck eines faktenmäßig zu belegenden und authentischen Geschehens hervorzurufen. Der Verfasser bedient sich dabei verschiedener Erzählformen, die im 18. Jahrhundert durchaus geläufig waren: Bericht eines Memoirenschreibers und Form des Briefromans. Sehr geschickt wird dabei der Bericht des Memoirenschreibers mit den Briefen und nun auch mit der Niederschrift eines philosophischen Dialogs zusammengekoppelt. Ungewöhnlich war diese Verschmelzung der Erzählformen durchaus nicht. Schon Goethe hatte im *Werther* an einem entscheidenden Punkt des Romangeschehens die Briefform aufgegeben und durch den objektiven Bericht eines Herausgebers ersetzt, der seinerseits wieder mit eingesprengten Briefzitaten und Übersetzungsproben aus Ossian zu arbeiten suchte. Auch im Aufbau des Romanfragments offenbart sich Schillers hohe Kunstfertigkeit ebenso sehr wie seine Bemühung um äußerste Distanzierung des Autors von seinem Stoff. Welche erzählerischen Mittel auch immer hier angewendet werden – Memoirenbericht, Briefe, philosophisches Gespräch –, niemals erlebt der Leser eine unmittelbare Konfrontierung mit seinem Autor, wie sie etwa in den Romanen eines Sterne oder Jean Paul zu finden war.
In diesem Sinne kann man Schillers Erzählungen als höchst bemerkenswerte Vorstufe zu späteren Formen einer stark auf Historisierung und Distanzierung drängenden epischen Technik betrachten. Von hier scheint es weiter zu gehen zu Heinrich von Kleist, zu Büchners Lenz-Novelle, wohl auch zur merkwürdig historisierenden, scheinbar entschei-

dungslosen Erzählhaltung in Conrad Ferdinand Meyers epischem Werk. Es gibt aber einen gewichtigen Unterschied. Schillers Erzählungen entspringen niemals der Bemühung um entscheidungslosen Historismus. Zwar sind sie nicht »moralische Erzählungen« im traditionellen Sinne des 18. Jahrhunderts, besitzen allenthalben aber einen philosophisch-moralischen Grundimpuls, der sie überhaupt erst entstehen ließ. Schiller hat niemals eine Geschichte um ihrer selbst willen erzählt. Im Gegenteil, weil der Wandel seiner philosophischen Auffassungen so groß war, daß die neue geistige Position des Verfassers mit dem ursprünglich entworfenen Romanschema nicht mehr in Einklang gebracht werden konnte, ist Schillers größtes erzählerisches Projekt, der *Geisterseher*-Roman, am Ende gescheitert. Wobei noch ergänzt werden darf, daß ungefähr um die gleiche Zeit, nämlich um die Jahreswende 1788/89, auch ein anderes Projekt des Dichters aus den gleichen Gründen aufgegeben werden mußte, der Versuch nämlich, *die Geschichte Friedrichs von Preußen in Form eines großen epischen Gedichts darzustellen.* Warum es dazu schließlich nicht kam, berichtet ein Brief an Körner vom 28. November 1791: »Friedrich II. ist kein Stoff für mich und zwar aus einem Grunde, den Du vielleicht nicht für wichtig genug hältst. Ich kann diesen Charakter nicht lieb gewinnen, er begeistert mich nicht genug, die Riesenarbeit der Idealisierung an ihm vorzunehmen.« Auch hier also war die philosophische Idee mit dem historischen Geschehen nicht mehr in Einklang zu bringen. Der historisch nachprüfbare Stoff des Preußenkönigs brachte den philosophischen Epiker Schiller ebenso zum Verzicht wie der erfundene, aber historisierend dargestellte Stoff des *Geisterseher*-Romans.

Schillers Erzählungen sind Erzeugnisse einer Übergangszeit im Leben und Schaffen ihres Dichters. Sie wurden, darüber hinaus, zu höchst bemerkenswerten Schöpfungen einer Übergangszeit in der Geschichte der deutschen erzählenden Literatur. Auch sie sind authentischer Schiller.

(1963)

5. Schillers Gedichte und die Traditionen deutscher Lyrik

Die Gedenkrede Jakob Burckhardts, die er am 9. November 1859 im Auftrag einer philosophischen Fakultät der Universität Basel in der Aula des Museums hielt, gehört zu den weniger bekannten Dokumenten der Schiller-Literatur. Dennoch ist sie merkwürdig. Nicht bloß durch die Absolution, die der schweizerische Kunst- und Kulturhistoriker dem Meister einer historischen Dramatik zu erteilen gewillt ist. Etwa in Sachen Marquis Posa: »Alles an dieser Erscheinung ist unhistorisch und a priori unmöglich, und dennoch ist dieser Posa in der Entwicklung der deutschen Poesie und Gefühlswelt unentbehrlich, man darf wohl sagen, dieser Kosmopolit ist die nationalste Figur der deutschen Literatur.« Nicht allein diese – wohl nicht bloß festredenmäßige – Milde des Geschichtskenners wirkt auffallend. Bemerkenswerter ist vielleicht, daß in Burckhardts Schiller-Rede der historische Dramatiker des *»Wallenstein«* oder der *»Maria Stuart«* recht kurz und beinahe lieblos behandelt wird. Überraschenderweise dekretiert der Redner von 1859: »Dramatisch das Meisterhafteste ist Wilhelm Tell«, was sich im Angesicht von Jakob Burckhardts späterer oder eigentlich auch schon damaliger Geschichtsphilosophie einigermaßen sonderbar ausnimmt.

Die wichtigsten Gedanken aber dieser Schiller-Rede sind den Gedichten gewidmet. Hier wird der Basler ausführlich, geht er sogar ins Einzelne: Lied an die Freude, Die Götter Griechenlands, Die Künstler, Die Worte des Glaubens und des Wahns, die großen Balladen, Eleusisches Fest und Macht des Gesanges, sie alle und noch einige werden kurz gerühmt oder wenigstens erwähnt. Es fehlen allerdings Hinweise auf den Spaziergang, auf Das Ideal und das Leben, auf Die Ideale. Daß hier nicht Unverständnis für die philosophische Lyrik vorliegen kann, sondern eine bewußte Selektion vorgenommen wurde, bezeugt der Hinweis auf das Künstler-Gedicht: »Es ist wohl das höchste Programm, das je aufgestellt worden ist. Man darf das Gedicht neben seinen philosophischen Schriften und den Briefen über Don Carlos nennen als den stärksten Beweis für seine Gewissenhaftigkeit im Fache.«

Die Schiller-Deutung Jakob Burckhardts scheint immer rätselhafter zu werden. Geringe Affinität zum Historiker und historischen Dramatiker; Tell und nicht Wallenstein; tiefe Verehrung für Schillers Gedichte, aber Preisgabe gerade jener Gebilde, die Schiller selbst als reinsten Ausdruck seiner ästhetischen Anschauungen betrachtete. Schweigen vor der großen Elegie und der Antithetik des Gedichts *»Das Ideal und das Leben«*, aber höchste Bewunderung für *»Die Künstler«*, die Schiller selbst als mißlungen empfand.

Jakob Burckhardt ist nicht gewillt, die Gründe für seine Verehrung der Schillerschen Gedichte zu verschweigen. Er meint: »Fortan steht er einzig unter allen lyrischen Dichtern, weil er mit starkem, geläutertem Willen der Verewigung des einzelnen Momentes, der einzelnen Situation wesentlich entsagt, nicht zu jener Gattung gehört, in der vor allem groß sind Properz, Ovid, Byron, Victor Hugo, Goethe. Schiller verewigt das Ganze einer Empfindung in der edelsten und gewaltigsten Stilform. Fortan sammelt er alle Strahlen des Gefühls vollständig, so daß er trotz der Allgemeingiltigkeit seiner Gedichte doch so ergreift, wie nur das Momentane irgend kann. Tausende haben schöne Liebeslieder gedichtet, nur Er die Würde der Frauen . . .«

Hundert Jahre später liest man es anders. Wenn Burckhardt das Künstler-Gedicht als stärksten Beweis ansah für Schillers »Gewissenhaftigkeit im Fach«, also wohl für seine philosophische wie handwerklich-lyrische Meisterschaft, so meint Gerhard Storz in seinem Schiller-Buch von 1959, das Gedicht sei »so großartig wie monströs«. Eben das wird geleugnet, was Jakob Burckhardt vor hundert Jahren so ausdrücklich gerühmt hatte. Diesmal heißt es: »Noch ist das Verhältnis des Autors zum Gegenstand nicht eigentlich dichterisch, noch fehlt die Rücksicht auf die Autonomie der lyrischen Form. Das Gedicht wird ohne weiteres und lediglich zur Darstellung wesentlicher Einsichten benützt.« Nun kann Storz – und er tut es auch – das Urteil des späten Schiller für sich anrufen. Es wäre naheliegend, beim heutigen Betrachter gegenüber Burckhardt eine ästhetische Bewertung wiederzufinden, die der Selbstbewertung Schillers angenähert wurde. Wenn Burckhardt die *»Künstler«* lobte, aber *»Das Ideal und das Leben«* verschwieg, so könnte diesmal die entgegengesetzte Akzentuierung erwartet werden. Die Erwartung wird jedoch enttäuscht. Die Ablehnung bei Storz ist erstaunlich scharf: »Auch in ›Das Ideal und das Leben‹ erweist sich die dichterische Form als Hemmnis für die Absicht, eine Lebens- und Kunstlehre darzulegen. Der Unterschied gegenüber den ›Künstlern‹ besteht allein darin, daß nunmehr in den ästhetischen Briefen ein dem Gedicht ›Das Ideal und das Leben‹ gemäßer Kommentar vorliegt.«

Gegensätze zwischen Jakob Burckhardt und Gerhard Storz, zwischen den Interpretationen von 1859 und 1959, in der Beurteilung einzelner lyrischer Gebilde Friedrich Schillers; Gegensätze – darüber hinaus und dahinter sichtbar werdend – in der Gesamtbewertung dieses höchst eigenwilligen lyrischen Werkes. Die Größe des Lyrikers Schiller, um es noch einmal zu wiederholen, erblickte der Basler Kulturhistoriker, der meisterhafte Kenner antiker Literaturformen, in dem Gegensatz zur lyrischen Tradition von Properz (vielleicht wäre Catull sogar das bessere Beispiel) über Byron bis zu Goethe und Victor Hugo. Gemeint ist wohl, was wir heute als »Erlebnisdichtung« zu bezeichnen pflegen. Schiller wird dafür nachgerühmt, er habe nicht bloß das Einzelerlebnis als Moment gestaltet, sondern »das Ganze einer Empfindung in der edelsten und gewaltigsten Stilform . . .« verewigt. Indem Gerhard Storz die gleichen Gegensätze hervorhebt, gelangt er zur durchaus entgegengesetzten Bewertung. Schon die Formel »Schiller als Lyriker« empfindet er als fragwürdig. »Im Augenblick dieser Feststellung erscheint sie auch schon bedenklich, verbinden wir doch mit der Figur des Lyrikers, ob zu Recht oder Unrecht, eine Vorstellung, die sich mit Schillers dichterischem Stil, ja sogar mit seiner Person nicht wohl verbinden lassen will. Jener Begriff von Lyrik oder vom Lyrischen, der uns zugleich mit dem Wort gegenwärtig wird, bezieht sich sowohl auf Gedichte wie diejenigen, die Goethes Ausgabe letzter Hand unter dem Stichwort ›Lieder‹ vereinigt, als auch auf seine pindarischen Hymnen, auf seine Divan-Gedichte.«

Was Burckhardt mit den Dichternamen von Properz bis Goethe andeuten wollte: die lyrische Gegentradition zu Schillers Gedichten, ergänzt Storz durch Hinweise auf die besondere Gegentradition der deutschen Lyrik: vor Schiller wie nach ihm. Gedichte Brentanos, Eichendorffs, Mörikes, aber auch Hölderlins gehören trotz allem zur Gegenrichtung; Gedichte Georges, Rilkes, Hofmannsthals, Trakls, der Lasker-Schüler: alles wird bloß beim Dichternamen gerufen, um die Einzigartigkeit oder Einsamkeit der Schiller-Gedichte besonders stark sichtbar zu machen. Die Folgerung: »Schillers Gedichte – diese negative Abgrenzung scheint bestimmter zu sein als die eben vorgenommenen positiven Zuordnungen – sind in dem spontanen Begriff vom Lyrischen nicht enthalten.« Allein dies ist – erfreulicherweise – nicht die letzte Folgerung, die Gerhard Storz zu ziehen gedenkt. Was er sichtbar machen wollte (freilich später in den einzelnen Gedichtinterpretationen trotz allem modifiziert oder gar aufhebt), war zunächst bloß die eigentümliche Sonderstellung der Schiller-Gedichte im Traditionsbereich deutscher Lyrik. Die naheliegende Konklusion, wonach Schiller »halt kein Lyriker« gewesen sei, wurde durchaus nicht gezogen. Im Gegenteil sieht Storz mit Recht in der Antithetik der Schiller-Gedichte und der deutschen lyrischen Tradition von Goethe bis etwa Trakl den Anlaß zu neuem Forschen, nicht aber ein kristallisiertes Ergebnis. Ausdrücklich heißt es: »Das bekannte Werturteil über Schillers Gedichte, das man so häufig wie fahrlässig aus dem bezeichneten Sachverhalt gefolgert hat, enthält nichts an Erkenntnis, weder was die Gedichte selbst noch ihre kategoriale Einordnung angeht.«

In der Tat, die Schiller-Forschung steht hier erst am Anfang. Diese Gedichte, die vielleicht gar keine waren, haben in anderthalb Jahrhunderten eine Bedeutung für das deutsche Bildungsleben erlangt, die unermeßlich genannt werden muß. Es sind nicht bloß die Zitate. Thomas Mann beschreibt einmal den Rezitationsabend eines berühmten Schauspielers vor den Travemünder Badegästen seiner Jugendzeit. Das *»Lied von der Glocke«* wurde vorgetragen. Aber der Rezitator – erinnert sich Thomas Mann – blieb wohl der einzige im Saal, der nicht ganz textsicher war. Es

ist [illegible]n nicht ganz richtig, wenn Storz behauptet: »Sieht man von seinen Balladen ab, so haben seine Gedichte, die doch den Menschen des 19. Jahrhunderts bekannt genug waren, auf die Dichter, genauer gesagt auf das Dichten von geschichtlichem Belang keine Wirkung getan.« Zunächst einmal: Was wäre unter dem »Dichten von geschichtlichem Belang« zu verstehen? Läuft dieses Urteil nicht auf eine Tautologie hinaus? So etwa: Da Schillers Gedichte auf die deutschen Lyriker von Eichendorff bis Hofmannsthal nicht vorbildmäßig wirkten, eben diese Dichter aber, von Eichendorff bis zur Lasker-Schüler, als belangvolle deutsche Lyriker schlechthin betrachtet werden, sind Schillers Gedichte für die Dichtungstradition in Deutschland ganz allgemein erfolglos und wirkungslos geblieben.
Bleibt zunächst zu fragen, ob es seitdem in der Tat nur diese lyrische Dichtung »von Belang« gegeben hat. Nicht gerechnet die schwierige und zu Unrecht in der geistes- wie dichtungsgeschichtlichen Tradition unserer Literaturwissenschaft vernachlässigte Beziehung zwischen hoher Literatur und Trivialliteratur. Mehr noch: zwischen »hoher Literatur« von wahrhaft hohem und von vermindertem Range. Daß Schillers Gedichte, seine Vorstellungen vom Gedicht und vom lyrischen Tonfall auf zahllose mindere Lyriker und ganze Geschlechter deutscher dichtender Hausväter unermeßlich gewirkt haben, kann nicht wohl bestritten werden. Den Schauder aber, den man dabei empfindet, sollte man nicht als zulängliche Erklärung betrachten. Alles im Gegenteil bleibt noch zu klären: das Selektionsprinzip vor allem für Storzens »Dichten von geschichtlichem Belang«. Wird das Belangvolle in der Tradition spezifischer Erlebnisdichtung gesehen, so besteht die Gefahr, daß man Schillers Lyrik einmal um ihrer Epigonen

willen ablehnt, zum anderen deswegen, weil sie keine Erlebnisdichtung war und sein wollte. Überdies: es gibt Überlieferungen deutscher Lyrik seit Schiller, aber auch solche *vor* Schiller. Nur zu gern war man geneigt, den vertrauten Begriff der Erlebnislyrik in die Vergangenheit zurückzuprojizieren. Scheinbar mochte das angehen: von Walther über Ulrich von Hutten, über manches Gryphius-Gedicht und Johann Christian Günther bis zu Goethes Straßburger Lyrik. Dann wäre Schiller vollkommen eingekreist. Ist er das wirklich?

Es geht nicht bloß um Schillers Gedichte. So steht es doch wohl, daß diese eigentümlich bedeutenden, aber vielleicht gar nicht einmal lyrischen Gebilde untrennbar mit unseren Fragen nach den Gattungen, den Grundbegriffen der Poetik zu tun haben. Läßt sich die Eigenart des lyrischen Kunstwerks in einer Weise deuten, die – neben aller Erlebnisdichtung – auch den Schiller-Gedichten gerecht wird? Nicht bloß ihnen übrigens, sondern auch jener lyrischen Gegentradition in der Weltliteratur, die vielleicht Pindar und Lukrez vorzuweisen hat, oder Góngora, die große Teile deutscher Dichtung des 17. und frühen 18. Jahrhunderts für sich verlangen kann, die mit Victor Hugos großen Lehrgedichten zu tun hat – und die vom »Ding-Gedicht« Rainer Maria Rilkes bis in die Gegenwart hinein ganze Provinzen der Weltlyrik unserer Tage besetzt hält.

Es scheint an der Zeit, die neueren Poetiken zu befragen: der Weg vom Allgemeinen zum Besonderen, den man dabei geht, um Schillers Gedichte deuten zu können, dürfte Schiller selbst vielleicht nicht mißfallen haben.

Am 21. August 1951 hielt *Gottfried Benn* auf Einladung der Universität Marburg einen Vortrag über *Probleme der Lyrik*.

Wie selbstverständlich ging er aus vom »lyrischen Ich«. Wie dieses zu bestimmen sei, ist bei Benn nicht durchaus klar. Zwar macht er sich über alle Versuche lustig, dem Lyriker oder dessen lyrischem Ego psychologisch beizukommen. Er postuliert auch hier das Doppelleben: Dichter sind »Kleinbürger mit einem besonderen, halb aus Vulkanismus und halb aus Apathie geborenen Drang«. Für den Drang aber zum Gedicht, den Ausdruckszwang, gelten trotzdem offenbar die geschichtlich-gesellschaftlichen Zusammenhänge: »Ich von heute, der mehr aus Zeitungen lernt als aus Philosophien, der dem Journalismus näher steht als der Bibel, dem ein Schlager von Klasse mehr Jahrhundert enthält als eine Motette, der an einen gewissen physikalischen Ablauf der Dinge eher glaubt als an Nain oder Lourdes, der erlebt hat, wie man sich bettet, so liegt man, und keiner deckt einen zu . . .« Dies ist ein unverkennbar gesellschaftlicher Standort. Das lyrische Ich Gottfried Benns erkennt sich in einem Mahagonny-Zitat von Bertolt Brecht. Dieses lyrische Ich im deutschen 20. Jahrhundert verlangt durch den Mund seines Lyrikers Gottfried Benn nach monologischer Lyrik. Nichts da mit einem Dualismus von lyrischem Ich und »angedichtetem Gegenstand«. Nichts da mit Vergleichen unter Zuhilfenahme des Wörtchens »wie«. Weg mit dem Adressaten, dem Partner, dem Du für das lyrische Ich. Mit Zustimmung zitiert der Redner von Marburg das Wort eines Amerikaners namens Richard Wilburns, der gesagt hatte: »Ein Gedicht, an die Muse gerichtet, und diese ist unter anderem dazu da, die Tatsache zu verschleiern, daß Gedichte an niemanden gerichtet sind«. Die Formel mithin für das moderne Gedicht im Sinne Benns: »Das absolute Gedicht, das Gedicht ohne Glauben, das Gedicht ohne Hoffnung, das Gedicht, an niemanden gerichtet, das Gedicht aus Worten, die Sie faszinierend montieren«.

Muß dies alles erinnert werden, wenn nach der Eigenart der Schiller-Lyrik gefragt wird? Wohl doch. Benn meint zwar zunächst nur das »moderne Gedicht«; er möchte zeigen, mit Hilfe welcher Metaphern, Konventionen, Adressaten, potente lyrische Schöpfungen heute nicht mehr geleistet werden können. Daß er dabei nicht bloß Goethe und Eichendorff, sondern auch einen so typischen Wie-Dichter wie Rilke zu transzendieren gedenkt, ist unverkennbar. Schiller jedenfalls käme wohl kaum in Betracht. Er kennt Anreden aller Art: an die Freunde und an die Freude. Im Ihr und Euch der Adressaten, in Aufruf, Ermahnung und Zuspruch liegt gerade ein Wesenszug der Schiller-Gedichte. Die erste Verszeile des *Spaziergang* bereits ist Gruß und Anrede. Das Gemeinschaftswort »uns«

»Und die Sonne Homers, siehe! sie lächelt auch uns«,

beschließt die große Elegie. Die von Benn so hart getadelten Vergleiche sind gar nicht zu zählen. Jedenfalls: was immer sie sein mag, monologische Lyrik faszinierend montierter Worte ist Schillers Lyrik nicht.

Auf den Monologismus scheint es auch bei *Emil Staiger* in den *Grundbegriffen der Poetik* anzukommen. Der lyrische Stil steht im Zeichen der »Erinnerung«, wie der epische in dem der »Vorstellung« oder der dramatische in jenem der »Spannung«. Zwar werden Lyrik und Lyrisches sorgfältig voneinander geschieden; es wird auch bemerkt: »daß aber irgendwo eine Dichtung anzutreffen sei, die rein lyrisch, rein episch oder dramatisch wäre, ist nicht von vornherein ausgemacht«, wodurch eine Vermischung der Gattungen, die für Schillers Gedichte kennzeichnend sein könnte, nicht von vornherein abgewiesen wurde. Allein Staiger ist bemüht, Gedanken Schillers und Goethes über epische und dramatische Dichtung, über den Mimen und Rhapsoden, weiterzudenken und die Eigenart des lyrischen Bereichs in das Goethe-Schiller-Gespräch vom Dezember 1797 einzubeziehen. »Wer sich an niemand wendet und nur einzelne Gleichgestimmte angeht, braucht keine Überredungskunst. Die Idee des Lyrischen schließt alle rhetorische Wirkung aus. Wer nur von Gleichgestimmten vernommen werden soll, braucht nicht zu begründen. Begründen in lyrischer Dichtung ist unfein, so unfein, wie wenn ein Liebender der Geliebten die Liebe mit Gründen erklärt«. Auch diese Hinweise scheinen sich wieder gegen den Lyriker Schiller zu wenden. »Die Idee des Lyrischen schließt alle rhetorische Wirkung aus.« Schillers Gedichte aber sind ohne seine Rhetorik nicht zu denken. Auch nicht ohne seine Argumentation, seine »Begründungen«, deren Eigentümlichkeit uns noch beschäftigen soll. Staigers Betrachtungen über das Lyrische scheinen abermals Schillers Gedichte ausklammern zu wollen. Er selbst macht sich darüber Gedanken. Wenn Staiger das Schiller-Buch Benno von Wieses in der *Neuen Zürcher Zeitung* bespricht, dann heißt es – zwar vorsichtig, aber durchaus im Einklang zu jenen Sätzen aus den *Grundbegriffen der Poetik*: »In manchen Gedichten meinen wir einen hohlen pathetischen Klang zu vernehmen. Vielleicht aber liegt der Fehler an uns und sind wir, wie schon Goethe die Tadler Schillers mit Ingrimm rügte, ›viel zu armselig und zu irdisch für ihn‹.« Armselig, irdisch – vielleicht. Aber vielleicht ist auch der seraphische Tonfall, von dem Benn bitter höhnend behauptet hatte, er sei »keine Überwindung des Irdischen, sondern eine Flucht vor dem Irdischen«, im eigentlichen Sinn nicht lyrisch.

Wolfgang Kaysers Betrachtungen über das sprachliche Kunstwerk gehen gleichfalls davon aus, die Lyrik verstehe sich »als monologische Aussprache eines Ich«. Allein an anderer Stelle seines Buches macht Kayser sogleich eine Einschränkung. Die Kennzeichnung der Lyrik als »subjektiv« wird als fragwürdig bezeichnet. »Nicht ohne Grund, denn der Begriff des Subjektiven lenkt immer noch die Aufmerksamkeit auf das Subjekt, auf das reale Subjekt des Sprechenden vielleicht, das als solches überhaupt nicht zum lyrischen Werk gehört.« Die temporale Betrachtungsweise Staigers wird abgelehnt: Lyrik sei nicht »Erinnerung«, sondern »Verinnerung alles Gegenständlichen«.

Der Monologismus wird zu Gunsten eines dialektischen Spannungsverhältnisses überwunden: »Im Lyrischen fließen Welt und Ich zusammen, durchdringen sich, und das in der Erregtheit einer Stimmung, die nun das eigentlich Sich-Aussprechende ist.« Von hier aus wäre schon eher ein Weg zur Welt der Schiller-Gedichte als einer lyrischen Welt möglich. Es ist kein Zufall, daß Wolfgang Kayser – im Unterschied zu vielen anderen Betrachtungsweisen – stets nicht nur die sprachlichen Kunstwerke der Antike, sondern auch die Dichtungsformen der romanischen Sprachen einzubeziehen sucht. Dadurch ist er niemals in Gefahr, das Phänomen des lyrischen Gedichts ausschließlich, wie es offenbar zum Beispiel bei Storz geschieht, mit einer besonderen deutschen Tradition der Erlebnisdichtung gleichzusetzen. Es ist ferner kennzeichnend, daß bei Kayser die sogenannten »Darbietungsformen« und »Darbietungsprobleme« für die Gattungsbestimmung vor allem bedeutsam werden. Indem er überhaupt geneigt scheint, das reale Ich überaus scharf vom lyrischen Ich zu scheiden, dabei dann aber – wie man vielleicht ergänzen darf – eine monologische Aussprache auch bloß als Art oder Abart eines Rollengedichts anzusehen, wird es möglich, die Schiller-Gedichte ihrer Darbietungsform nach als echte Gedichte anzusprechen. Nicht zufällig wird von ihm gerade in diesem Zusammenhang der Gedichttitel *»Die Künstler«* als durchaus lyrikgemäß angeführt. In der Tat würden die romanischen wie die slavischen Dichtungstraditionen eine Einordnung der Schiller-Gedichte in den traditional-lyrischen Bereich durchaus zulassen. Lyriker wie Puschkin oder Mickiewicz haben in ihren Anfängen ebenso den Einfluß der Schiller-Gedichte gespürt, wie vor ihnen Hölderlin. Auch sie lösten sich später im Gedicht aus dem Bannkreis, allein niemals war ihnen das Dichterische an Schillers vorbildhaft empfundenen Gebilden fragwürdig gewesen.

Es will mithin scheinen, als sei die Auseinandersetzung über den Lyriker Schiller untrennbar mit *Besonderheiten der deutschen Dichtungs- und Deutungstradition* verbunden. Dadurch mag die Allgemeingültigkeit der Werturteile fragwürdig werden; die Notwendigkeit einer Auseinandersetzung jedoch über die spezifische Natur dieser Gebilde bleibt bestehen.

Vielleicht mag ein Vergleich weiterhelfen. Das Goethe-Gedicht *»Zueignung«* von 1784 ist durchaus kein Erlebnisgedicht der reinsten Form. Symbolisches, Allegorisches, Didaktisches scheint hier, obenhin betrachtet, ebenso mitzuschwingen wie in den späteren großen Schiller-Gedichten. Die Thematik des kaum fünf Jahre später entstandenen Schiller-Gedichts *»Die Künstler«* scheint vorweggenommen zu sein.

Bei Goethe:

> Aus Morgenduft gewebt und Sonnenklarheit,
> Der Dichtung Schleier aus der Hand der Wahrheit.

Bei Schiller:

> ... Die furchtbar herrliche Urania,
> Mit abgelegter Feuerkrone
> Steht sie – als *Schönheit* vor uns da.
> Der Anmut Gürtel umgewunden,
> Wird sie zum Kind, daß Kinder sie verstehn.
> Was wir als Schönheit hier empfunden,
> Wird einst als *Wahrheit* uns entgegengehn.

Auch führen Wege von dieser Goethischen *»Zueignung«* hinüber zu Schillers *»Spaziergang«*. Das Zueignungsgedicht ist Spaziergang in Raum, die Schillersche Elegie dagegen, unbeschadet aller Raumkulissen, ist ein Spaziergang in der Zeit und durch die Zeiten. Gemeinsamkeiten – und doch wesentliche Unterschiede.
Auf Gemeinsamkeiten zwischen der *»Zueignung«* und den *»Künstlern«* hat Joachim Müller bereits 1955 in seiner Studie über *»Schillers lyrische Kunst«* hingewiesen. Aufschlußreicher aber für die Struktur eines Schiller-Gedichts erscheint der Vergleich von *»Zueignung«* und *»Spaziergang«*. Goethes Stanzen schildern einen realen Spaziergang: das aus Morgenduft und Sonnenklarheit gewebte lyrische Gebilde bleibt gegenständlich und gegenwärtig in allen seinen Phasen. Morgenspaziergang, Bergwanderung, mit den Wolken hergetragen die Göttin, die nicht in Einzelheiten beschrieben und dennoch als sinnliches Bild empfunden wird: die schönes Weib ist und Topos in einem. Gespräch zwischen Göttin und Dichter als »schönes Gespräch«, aber zugleich als dramatisch geführter Dialog. Die Form der Stanze bietet Möglichkeiten, jede Etappe von Wandlung und Gespräch in sich abzuschließen und gegen die – nach vorwärts wie rückwärts – benachbarten Phasen abzusetzen. Das Thema des Verhül-

lens und Ahnens ist gemeint, zugleich ein Lieblingsthema Friedrich Schillers: in den Parabeln und Rätseln, den Worten des Wahns wie im *»Verschleierten Bild zu Sais«*.

Dennoch hat sich Goethe kaum darum bemüht, das Allgemeine, Symbolische oder selbst Allegorische der Göttin erkennbar zu machen. Sie selbst nennt sich »die Wahrheit«, aber ist sie wirklich deren Göttin? Allenthalben bleibt ein Rest, das Gedicht »geht nicht auf« wie etwa eine poetische Scharade bei Schiller, Ist es so gemeint, wie Emil Staiger deutet, daß sich »die Wahrheit selber in den Schleier der Poesie verhüllt«? Gilt seine Deutung: »Die Wahrheit verschleiert sich und offenbart sich in der Verschleierung«? Erhält nicht vielmehr der Dichter den Schleier der Dichtung aus der Hand der Wahrheitsgöttin? Die Grenzen zwischen wahr und unwahr scheinen mit jenen zwischen Poesie und Nichtpoesie zusammenzufallen. Auch hier Enthüllung in der Verschleierung, Wesenserkenntnis am farbigen Abglanz.

Höchst merkwürdig ist der Abgesang. Keine Schilderung vom Verschwinden der Göttin, vom Rückweg, keine abschließende Meditation am Abhang oder Abgrund, wie im *»Spaziergang«*. Ein orchestrales Nachspiel scheint alles zum organischen und doch unerwarteten Abschluß zu bringen. Anrede an die Freunde, Mitteilung des offenbaren und geoffenbarten Geheimnisses – die *»Zueignung«* war bekanntlich zunächst als dichterischer Prolog zu den *»Geheimnissen«* gedacht – an die »edlen Seelen« in dem späten Vermächtnisgedicht von 1829. Der nächste Tag, die Welt der Enkel, das »Dereinst« weiterwirkender Poesie: über den Dichter und das Dichterleben hinaus.

Auch Schillers Gedichte *Die Künstler«* und *»Der Spaziergang«* haben mit der Spannung zwischen Einst und Dereinst zu tun. Die Distichen des 1795 in den *»Horen«* noch *»Ele-*

gie« genannten großen Gedichts scheinen abermals – wie die Stanzen der Goetheschen *Zueignung* – von einer Bergwanderung im Morgenlicht zu berichten. Dennoch erweist sich, schaut man genau hin, die Landschaft, überhaupt die Raumschilderung, als bloße Dekoration. Diesmal werden, bis die eigentliche Ebene des Gedichts, die zeitliche nämlich, erreicht ist, wahre Orgien der Adjektive gefeiert: säuselnde Linden, ruhige Bläue, das braune Gebirg, der grünende Wald, der Lüfte balsamischer Strom, das energische Licht, die geschäftige Bien', der rötlichte Klee, das versilberte Gras, die ambrosische Nacht. Versucht man die Progression dieses Spaziergangs in der Landschaft mitzuvollziehen, so ergeben sich Schwierigkeiten: es fehlen die Übergänge; Landschaftsformen, die man in der Natur in ähnlicher Nachbarschaft nicht zu finden vermag, werden gleichsam ineinander montiert. An sich ist es durchaus richtig, wenn Benno von Wiese sagt: »Am Ende *ist* der so idyllisch private Spaziergang mit seinen Erinnerungen an die Reise in die schwäbische Heimat (1793) nichts anderes als die Weltgeschichte der Menschheit mit allen ihren räumlichen und zeitlichen Phasen.« Dennoch bleibt die Erinnerung, oder vielleicht besser: die Reminiszenz auf das Dekorative beschränkt. In Umkehrung der berühmten Anweisung Beethovens für den ersten Satz der Sechsten Symphonie darf gesagt werden, es gehe bei dieser Pastorale Schillers mehr um »Malerei« denn um »Ausdruck der Empfindung«. Allenthalben soll hinter der realen Landschaft das Typische einer zeitgenössisch-kultivierten Natur wie das Überzeitlich-Mythische sichtbar gemacht werden:

Jene Linien, sieh! die des Landmanns Eigentum scheiden,
In den Teppich der Flur hat sie Demeter gewirkt.

Die Landschaft als Teppich, Gemälde, Wandeldekoration – wie Jahrzehnte später in Richard Wagners *»Parsifal«*. Der Vergleich ist gar nicht blasphemisch oder ungemäß, denn auch bei Wagner deutet die Wandeldekoration eben dies an, was Schiller im Spaziergang anstrebt. Mit den Worten des Gurnemanz: »Zum Raum wird hier die Zeit«. Wenn man den *»Spaziergang«* ein ungeheures kulturhistorisch-kulturphilosophisches Fresko heißt, so soll damit der wirkliche Gehalt, der zeitlich-geschichtliche nämlich, von den bloß nutzbar gemachten Landschaftselementen geschieden werden. Die Natur wird in diesem Gedicht »gebraucht«, wenn sie Menschlich-Kulturelles aussagen soll. Die Willkür grenzt manchmal ans Komische:

»Stände seh' ich gebildet, der Pappeln stolze Geschlechter
Ziehn in geordnetem Pomp vornehm und prächtig daher.«

Nicht das ist Schiller wichtig. Darum auch findet der Spaziergang sein Ende vor dem zeitlichen Abgrund damaliger revolutionärer Gegenwart, nicht aber am real verstandenen Abgrund. »Wild ist es hier und schauerlich öd'.« Aber die Abgrundlandschaft ist Topos: gemeint ist der Abgrund der Schiller-Zeit.

Auch das Ich dieses Gedichts hat kaum etwas mit dem lyrischen Ich der Goetheschen *»Zueignung«* zu tun. Bei Goethe das Ego des Dichters, natürlich nicht autobiographisch zu verstehen, aber doch auch, wie in den Stanzen einbekannt wird, wiederum undenkbar ohne den individuellen, einzigartig verstandenen Goetheschen Lebenslauf. Goethe und »der Dichter« in einem. »Bin ich wirklich allein?« Wer fragt das in Schillers Elegie? Schiller und der Dichter in einem? Viel eher doch wohl: der Zeitgenosse. Der Denker und Geschichtsphilosoph überdies.

Goethes Gedicht führte entschieden ins Zukünftige. Dereinst, Enkel, ewige Wahrheit – in einer Dichtung, die dem Zauberschleier zu verdanken war und Wahrheit in der Schönheit ahnen machte. Schillers Anrufung der »frommen Natur«, der ewigen, also auch homerischen Sonne, steht *im Zeichen der Ambivalenz:* einst und dereinst durchdringen einander. Das goldene Zeitalter steht, wie bei den Alten, am Anfang. Die Ewigkeit der Natur wird angerufen, wie später bei Georg Büchner, um Trost zu verleihen in den Gefahren der Kultur. Allein eben diese scheinbar so unwandelbare Natur war im Ablauf des Gedichts, im eindringlichsten Moment sogar, als wandelbare, vom Menschen rastlos umgewandelte geschildert worden. Unter dem strahlenden Dur des Gedichtausklangs werden Dissonanzen hörbar. Die Spannung zwischen einst und dereinst hat mit dem »nie und nirgends« zu tun, das im Gedicht *»An die Freunde«* angerufen wird – und das »allein« nie veralten soll. Der Trost, den noch 1795 die »fromme Natur« gewähren sollte, wird einige Jahre später beim *»Antritt des neuen Jahrhunderts«* nur noch darin gefunden:

> In des Herzens heilig stille Räume
> Mußt du fliehen aus des Lebens Drang!
> Freiheit ist nur in dem Reich der Träume,
> Und das Schöne blüht nur im Gesang.

Ein Vergleich der thematisch scheinbar so ähnlichen Gedichte Goethes und Schillers ergibt also nicht bloß Gegensätze der Gestaltungsweisen, Raumvorstellungen, Zeitbeziehungen. Am *»Spaziergang«* wurden Eigentümlichkeiten eines Weltbildes sichtbar, die nicht bloß mit dem Inhaltlichen der Geschichts- und Kunstphilosophie zusammenhängen, sondern – darüber hinaus – sehr eigentümliche und einzigartige Züge der größten Schiller-Gedichte sichtbar machen. Eine Gattungsbestimmung darf nicht darauf verzichten, diese Momente zu beachten.

In seiner Schiller-Studie von 1955, die übrigens bemerkenswerte Hinweise eines Philosophen auf die ästhetischen Grundlagen des Künstler-Gedichts enthält (ästhetische Einflüsse des Wolffianers Alexander Baumgarten), spricht *Ernst Bloch* von Schiller als dem »klassischen Dichter des Ungenügens, und zwar, mit einem bedeutend anderen Element als bei Faust, dem moralisch-fordernden«. Bloch nennt es das »Überholende an Schiller«. Dazu gehöre aber: »Die Folge war, in Ansehung des überholenden Ungestüms, Schillers Umschlag ins Resignierte, Elegische, relativ Abdankende«.

Immer wieder spürt man das Streben dieses Dichters aus dem Gegenwärtigen hinüber ins Futurische. Immer wieder wählt er Landschaftliches, um das Zeitliche zu meinen. Sehnsucht nach Utopia *und* raumgewordene Zeit ergeben gleichsam die Eingangsverse des Gedichts *»Sehnsucht«*:

Ach, aus dieses Tales Gründen,
Die der kalte Nebel drückt,
Könnt' ich doch den Ausgang finden,
Ach, wie fühlt' ich mich beglückt!
Dort erblick' ich schöne Hügel,
Ewig jung und ewig grün!
Hätt' ich Schwingen, hätt' ich Flügel,
Nach den Hügeln zög' ich hin.

Einmal hat Schiller sehr ernsthaft daran gedacht, in einem Gedicht dies Futurische als Gegenwärtiges, in seiner Terminologie: als Idylle zu gestalten. Der Brief vom 30. November 1795 an Wilhelm von Humboldt berichtet: »Denken Sie sich aber den Genuß, lieber Freund, in einer poetischen Darstellung alles Sterbliche ausgelöscht, lauter Licht, lauter Freiheit, lauter Vermögen – keinen Schatten, keine Schranke, nichts von dem allen mehr zu sehen – mir schwindelt ordentlich, wenn ich an diese Aufgabe – wenn ich an die Möglichkeit ihrer Auflösung denke. Eine Szene im Olymp darzustellen, welcher höchste aller Genüsse! Ich verzweifle nicht ganz daran, wenn mein Gemüt nur erst ganz frei und von allem Unrat der Wirklichkeit recht reingewaschen ist; ich nehme dann meine ganze Kraft und den ganzen ätherischen Teil meiner Natur noch auf einmal zusammen, wenn er auch bei dieser Gelegenheit rein sollte aufgebracht werden. Fragen Sie mich aber nach nichts. Ich habe bloß noch ganz schwankende Bilder davon und nur hie und da einzelne Züge.« Auch Thomas Mann hat in seinem *»Versuch über Schiller«* von 1955 die Stelle benannt und so gedeutet: »Aber der überirdische Werktraum von lauter Licht und Freiheit zeigt, wohin seine letzte Sehnsucht ging: nach Entkleidung vom Irdischen, nach Verklärung«.

Gewiß kann man darauf hinweisen, die Frage an die Zeit und die Frage an die Welt sei spezifisch für Schillers lyrische Haltung. In der Formel von der »ästhetischen Synthesis« hat Benno von Wiese die eigentümliche Doppelbewegung der Schillerschen lyrischen Phantasie verstanden: als immer wieder angestrebte »Aufhebung« eines »Ideellen im Konkreten und eines Konkreten im Ideellen«. Diese »Reinigung« läßt sich immer wieder beobachten.

Aber die andere Gegenbewegung eines Strebens ins Futurische und Zurückfallen in das allzu Reale durchzieht gleichfalls ein lyrisches Werk, das eben hierin seine Unvergleichbarkeit besitzt. Schiller hat die ungestümste Forderung an die Künstler gestellt: Bewahrung der menschlichen Würde. Aber bei ihm findet sich auch der vielleicht schrecklichste Ausklang, der nur für einen Menschen, was hier offenbar heißen soll: für einen Künstler, gedacht werden kann. Die Worte des Urteilsspruches an einen Künstler, der »auch« in Arkadien geboren war, als Abschluß des Gedichtes *»Resignation«*:

> Du hast *gehofft*, dein Lohn ist abgetragen,
> Dein *Glaube* war dein zugewognes Glück.
> Du konntest deine Weisen fragen,
> Was man von der Minute ausgeschlagen,
> Gibt keine Ewigkeit zurück.

Man erkennt: sehr mächtig beim Lyriker Schiller, weit weniger beim Dramatiker, gelegentlich spürbar aber in den großen Abhandlungen und Essays ist eine höchst persönliche Ausprägung dessen, was Ernst Bloch das »Prinzip Hoffnung« genannt hat. *Allein in allem Fliegen verbirgt sich auch der Vorgang des Entfliegens.* Die Rückkehr zur Erde ist dann unvermeidlich: die Resignation in Schillers Sinn. Er hat sich dieses Alternieren von Überschwang und Resignation als Thema erwählt: Schiller kennt nicht die höchste Erfüllung im Augenblick. Bei Goethe ist der erfüllte Augenblick als Erfüllung und damit als Glück verstanden. Schiller entdeckt am Augenblick vor allem seine Flüchtigkeit: das Vergehende in ihm. Das Gedicht *»Die Gunst des Augenblicks«* spricht es als Lehre aus:

> So ist jede schöne Gabe
> Flüchtig wie des Blitzes Schein;
> Schnell in ihrem düstern Grabe
> Schließt die Nacht sie wieder ein.

Immer wieder die gleichen scharfen Antithesen in diesem lyrischen Werk, die auf den stets gleichen Sachverhalt, der doch wohl ein Lebenstatbestand des Menschen Schiller gewesen sein muß, zurückgeführt werden: Hoffnung und Genuß, Glück und Verdienst, Sinnenglück und Seelenfrieden.

Auch das lyrische Werk anderer deutscher Dichter lebt in ähnlichen Spannungen; die Kunstmittel der Bewältigung aber sind von denen der Schiller-Gedichte grundverschieden. Heinrich Heines Lyrik – fast ausschließlich seine Lyrik, kaum dagegen das Prosawerk – kennt gleichfalls die Spannung zwischen dem Futurischen und dem Zurückfallen, zwischen Utopie und Resignation. Heines Ironie hat hier, also fast ausschließlich in seinem lyrischen Werk, ihren Ort. Sie führt vom Subjekt weg und zum Subjekt zurück. Auch Heines Ironie ist zurückgenommene Schwärmerei, Rückkehr in die menschliche und gesellschaftliche Enge. Allein sie ist Kunstform eines Lyrikers, der gelernt hat, nach den Rezepten der deutschen romantischen Schule zu arbeiten.

Zur Struktur der Schiller-Lyrik gehört wohl beides: die »ästhetische Synthesis« wie die Spannung zwischen Utopie und Resignation. Im Grunde sind Schillers Typen der Satire, Elegie und Idylle als drei Gestaltungsarten dieses dialektischen Vorgangs zu verstehen. Schiller war sich dessen bewußt. Ein Distichon trägt den Titel *»Wissenschaft«*. In bitteren Stunden hätte er selbst vielleicht nicht gezögert, auch den Gedichttitel *»Die Künstler«* über das Epigramm zu setzen:

Einem ist sie die hohe, die himmlische Göttin, dem andern
eine tüchtige Kuh, die ihn mit Butter versorgt.

Da das Einzigartige, darum auch Traditionslose, an Schillers lyrischem Werk sichtbar gemacht werden soll und gefragt wird, warum Schillers Gedichte in der Geschichte der deutschen Lyrik weitgehend isoliert und wirkungslos blieben, mag noch ein anderes Moment erwähnt werden. Auch Benno von Wiese scheint ihm – über das bloß Stoffliche hinaus – durchaus zu Recht einige Bedeutung beizulegen: »Neben die auf das Generelle gehende Simplifizierung tritt damit oft eine parabolische Verrätselung in der Schillerschen Lyrik. Dann werden Dinge, Leben und Wahrheiten aus dem allgemein Zugänglichen gerade herausgenommen, im Gedicht gleichsam versteckt, damit sie in ihrem ursprünglichen geistigen Sinn neu entdeckt und angeeignet werden können.« Es liegt darin vielleicht noch mehr. Bemerkenswert sind nicht bloß die immerhin dreizehn Gedichte, denen Schiller den gemeinsamen Titel *»Parabeln und Rätsel«* gab. Vermutlich hat ihn die *»Turandot«* Gozzis gerade um der Rätsel willen gereizt, die zu entwerfen waren – und die er jeweils zu erneuern liebte. Das hängt zunächst mit Eigentümlichkeiten auch der Schillerschen Dramatik zusammen: mit der Freude an Spannungen, Verwicklungen und Lösungen, mit der Lust an der Überraschungswirkung, an der fast unentwirrbaren Kabale, die dann eben in jäher Wendung entschleiert wird. Verhüllung und Entschleierung werden abermals als Momente dieser Gestaltungsweise sichtbar: diesmal im lyrischen Bereich. Viele Schiller-Gedichte sind nach diesem Schema: Verhüllung – Enthüllung, Verrätselung und Auflösung angelegt. Das reicht bis zu den Worten des Glaubens und des Wahns, zu den *»Sprüchen des Konfuzius«*; das *»Berglied«* ist so angelegt, aber der Vorgang läßt sich bis in die Antithetik einzelner Verszeilen verfolgen:

Zwei Blumen blühen für den weisen Finder,
Sie heißen Hoffnung und Genuß.

Man hat diese Neigung zum Parabolischen, die durchaus nicht eines detektivischen Bestandteils entbehrt, meist als Eigentümlichkeit einer »didaktischen« Dichtungsart bezeichnet und Schillers Lyrik dadurch den Aufklärungsgedichten annähern wollen. Mit Aufklärungsdichtung hat diese Lyrik allerdings zu tun, aber keineswegs mit Aufklärungsdidaktik. Der Rationalismus der Aufklärungsgedichte ist innerlich noch unzersetzt; Aufklärungsgedichte sind naive Gedichte, nicht sentimentalische. Diese Didaktik strebt nach vernünftiger Lebensgestaltung, gesellschaftlicher Einordnung. Sie lehrt den Lebenskompromiß. Schillers Parabolik lehrt die schmerzhafte Antithese, den Lebenskonflikt.

Dennoch lassen sich unschwer Beziehungen zwischen Schillers lyrischem Stil und den Strukturen der Aufklärungsgedichte herstellen. Auf alles, was die Anthologie von 1782 der Barocktradition verdankt, ist mehrfach hingewiesen worden. Natürlich gibt es in der gesellschaftlichen Aussage wie der Themenwahl und sogar Bildwahl enge Gemeinsamkeiten zwischen den Gebilden der *Anthologie auf das Jahr 1782* und den zornigen Schöpfungen der Stürmer und Dränger und ihrer Meister. An einem Gedicht wie *»Die schlimmen Monarchen«* läßt sich das bis in Einzelheiten verfolgen. Dennoch ist die ganz neuartige lyrische Substanz der Sturm- und-Drang-Gedichte dem Dichter vom Jahrgang 1759 eigentlich immer unvertraut geblieben. Nicht bloß, daß Schiller niemals Erlebnisdichtung als Selbstaussage und Selbstverwirklichung im Sinne der Stürmer und Dränger schuf: nicht einmal 1782, erst recht nicht später. Was er anstrebte, war ein Amalgam aus den Formen der Aufklärungslyrik und den spät eroberten antiken Metren und Gattungen.

Ein wenig bekanntes Gedicht trägt den Titel *»Der Tempel des Glücks«*. Hier die letzten beiden Strophen:

Seht, welchen Thron der Erdenkinder
Abgöttisches Bemühn erhöht!
Tyrannin starker Überwinder,
Zu der die Herrschsucht knechtisch fleht!
O Glück, bey deinem großen Namen
Schwört hier ein Fürst aus Heldensaamen,
Und Götter knien um dein Altar!
Gelübde thut man dir zur Ehre,
Und macht sie durch erwürgte Heere
Erkaufter Menschenopfer wahr.

Zerstört den Tempel, dessen Götze
Des Himmels Ehre zu sich reißt!
Aus ihm, aus ihm schallt ein Gesetze,
Das reine Sitte fliehen heißt.
Zerstört, und schonet nicht, ihr Weisen!
Umsonst wird man die Tugend preisen,
Wenn hier noch Stein an Steinen hängt.
Das Laster lacht in deren Schutze,
Zu der sich, der Vernunft zum Trutze,
Das Volk der ganzen Erde drängt.

Der Tonfall ist unverkennbar, sollte man meinen, die Affinität etwa zum *»Ring des Polykrates«* geht bis zum Rhythmus und Reim. Junger Schiller, älterer Schiller? Das Gedicht stammt von *Johann Elias Schlegel* und wurde 1741 geschrieben.

Es ist nicht schwer, allenthalten im Bereich deutscher Aufklärungslyrik die besonderen Kadenzen der Schiller-Lyrik vorgebildet zu finden. Die Eumeniden aus den *»Kranichen des Ibykus«* singen in ganz ähnlichem Ton auch in Albrecht von Hallers Gedicht *»Über die Ehre«*, und alle haben ihren Horaz gelesen.

O selig, wen sein gut Geschicke
Bewahrt vor großem Ruhm und Glücke,
Der, was die Welt erhebt, verlacht;
Der, frei vom Joche der Geschäfte,
Des Leibes und der Seele Kräfte
Zum Werkzeug stiller Tugend macht!

Dennoch ist beides hier zu lernen, die Ähnlichkeit der Form und der eminente Unterschied zwischen Hallers didaktisch-beruhigtem und Schillers aus unglücklichem Bewußtsein geborenem Dichten.
Vor hundert Jahren wußte Jakob Burckhardt an Schillers lyrischer Dichtung vor allem zu rühmen, daß sie »der Verewigung des einzelnen Momentes, der einzelnen Situation wesentlich entsagt« habe. Es wurde zu zeigen versucht, warum Schiller nicht danach strebte, den erfüllten Augenblick als Gedicht zu gestalten; warum er im gelebten und erlebten Augenblick, diesem Grundtatbestand der Erlebnisdichtung, immer bloß die Spannungen und Antinomien zu entdecken vermochte. Das macht die Einzigartigkeit seiner Lyrik aus, die dennoch Lyrik ist und bleibt, wenngleich sie weder monologisch angelegt noch von der Erinnerung genährt wurde. Schiller hat Traditionen übernommen und gestiftet; dennoch wird das Eigentümliche nicht aus Überlieferungen gewonnen – und hat auch keine Überlieferung gezeitigt oder zeitigen können. Wie das kam, soll

und kann hier nicht erläutert werden. Es hängt mit dem Menschlichen dieses Dichters ebenso zusammen wie mit der Zeit, worin er schuf, und die er im Gedicht immer wieder zu deuten und anzudeuten suchte.
Jakob Burckhardts Schiller-Rede von 1859 wurde vor dem Tor zum Historismus gehalten. Sie empfand es noch als groß, daß in Schillers Gedichten darauf verzichtet wurde, den einzelnen Lebensmoment, dies ausschließliche spätere Thema des Historismus, zu verewigen. Wir haben die Paläste des Historismus durchwandert, Nutzen und Nachteil der Historie für das Leben kennengelernt. Die Tore haben sich hinter uns geschlossen. Sind wir, hundert Jahre nach Jakob Burckhardt, nunmehr imstande, einer Dichtung von neuem gerecht zu werden, die, wie Burckhardt gesagt hatte, »trotz der Allgemeingiltigkeit . . . doch so ergreift, wie nur das Momentane irgend kann«? Es wird sich zu erweisen haben.

(1959)

6. Der Lehrer und die Lehren

Friedrich Schiller als ein Lehrer der Menschheit? Das wäre zur Goethe-Zeit und ein ganzes 19. Jahrhundert hindurch ohne Widerspruch, nahezu als Selbstverständlichkeit akzeptiert worden. Gebieterisch hatte Goethe in seinem »Epilog zu Schiller's ›Glocke‹«, geschrieben zum zehnten Todestag des Freundes und Gegenspielers am 10. Mai 1815, die Grabschrift gleichsam als Denkschrift entworfen:

So bleibt er uns, der vor so manchen Jahren –
Schon zehne sind's! – von uns sich weggekehrt!
Wir haben alle segenreich erfahren,
Die Welt verdank' ihm, was er sie gelehrt;
Schon längst verbreitet sich's in ganze Scharen,
Das Eigenste, was ihm allein gehört.
Es glänzt uns vor, wie ein Komet verschwindend,
Unendlich Licht mit seinem Licht verbindend.

Die Welt verdank' ihm, was er sie gelehrt ... Ein Imperativ, eine gebieterische Forderung. Was aber ist ihm zu verdanken, dem Lehrer Friedrich Schiller? Hier gab es früh schon Widerspruch: unmittelbar am Ausklang der Goethe-Zeit, erst recht später im 19. und gar in unserem 20. Jahrhundert. Das berühmte Wort Heinrich Heines, wonach mit der französischen Juli-Revolution von 1830, dann mit dem Tod des großen alten Mannes am Frauenplan zu Weimar, eine Epoche zu Ende gegangen sei, die »Wolfgang Goethische Kunstperiode«, hatte auch den Partner des Weimarischen Klassizismus einbezogen: Friedrich Schiller. Auch mit ihm habe es nun ein Ende: so wohl mußte man Heine interpretieren.

Schroffer klingt es um dieselbe Zeit, im Jahre 1835, bei Georg Büchner. In einem Brief an die Eltern aus dem Straßburger Exil, geschrieben am 18. Juli 1835, wird auseinandergesetzt, warum das Schauspiel von »Dantons Tod« durchaus anders konzipiert worden sei als eine Tragödie oder auch ein Trauerspiel bei Friedrich Schiller. Besagter Schiller war Lieblingsdichter der Mutter Georg Büchners. Darum klingt es im Brief besonders gereizt. »Was noch die sogenannten *Idealdichter* anbetrifft, so finde ich, daß sie fast nichts als Marionetten mit himmelblauen Nasen und affektiertem Pathos, aber nicht Menschen von Fleisch und Blut gegeben haben, deren Leid und Freude mich mitempfinden macht und deren Tun und Handeln mir Abscheu oder Bewunderung einflößt. Mit einem Wort, ich halte viel auf *Goethe* oder *Shakespeare*, aber sehr wenig auf *Schiller*.«
Man weiß, daß sowohl die Kunstgespräche in »Dantons Tod« wie die entsprechenden Erörterungen in der Erzählung »Lenz«, vor allem aber die Grundpositionen des Lustspiels vom Prinzen Leonce und der Prinzessin Lena geprägt sind durch Büchners Antipathie gegen einen höfisch-bürgerlichen Idealismus in Deutschland, den er, nicht ohne Grund übrigens, auf Schiller zurückführte. Wenn er nicht genug Spott zu haben schien für idealistische Schwätzer, und sein Lustspiel mit einer grotesken Parodie auf Goethes »Italienische Reise« enden ließ, so verstand der gescheiterte Verfasser eines »Hessischen Landboten« die eigenen Positionen in der Politik, der Literatur wie der Philosophie von Grund auf als anti-idealistisch. Er vollzog mit alledem eine Zurücknahme Friedrich Schillers.
Zurücknahme Friedrich Schillers auch bei Nietzsche. Der beharrt im Respekt vor Goethe, bezeichnet Eckermanns Gespräche gar als Meisterwerk der deutschen Sprache, hat

aber für Schiller, ganz wie Büchner, bloß Hohn. »Der Moraltrompeter von Säckingen« – Nietzsches boshafter Kalauer – ist immer wieder zitiert worden, je nachdem grinsend oder entrüstet. Daß er ungerecht war, versteht sich. Was Nietzsche meinte, bezog sich weit mehr auf Schillers Folgen in der deutschen Philisterei als auf den Autor des »Wallenstein« und der großen philosophischen Abhandlungen. Dennoch glaubte Nietzsche an die unmittelbaren Kausalitäten zwischen der sich idealistisch gebenden Fassadenkultur des neu gegründeten Deutschen Reiches und seinem angeblichen Lieblingsdichter, dem Herold auf dem Weg zum Wahren, zum Guten und zum Schönen. Wie Sokrates bei Nietzsche denunziert wird als Vorläufer eines denkerischen Rationalismus und aller späteren Sklavenmoral, so wird der Moraltrompeter Schiller durch Nietzsche verdächtigt, einer Zivilisation von Bildungsphilistern die ihr gemäße Ideologie geliefert zu haben. Er hatte nicht durchaus unrecht. Die Warnung gilt nach wie vor. Das Frankfurter Operngebäude brannte aus während eines Zweiten Weltkriegs, allein das Portal mit seiner Inschrift schien sich nach wie vor gegen den umbrandenden Verkehrslärm anzustemmen. Das Opernhaus als Ruine, die Inschrift blieb. Sie lautete: »Dem Wahren, Guten, Schönen«.

Auch der Konflikt ist in unserer Zeit geblieben zwischen dem Bekenntnis zu Schiller als einem Lehrer der Menschheit, und der zornigen Warnung vor diesem Mann und seinen Irrlehren. *Thomas Mann* wurde von früh auf geprägt durch Schiller und das Jugenderlebnis des »Don Carlos«. Zwar durchzieht auch die Auseinandersetzung mit Goethe das lange Leben und Schaffen des »Magisters Thomas von der Trave«, wie er bei Hesse im »Glasperlenspiel« benannt wird, allein die Goethe-Studien und der Roman »Lotte in Weimar« bleiben distanziert, respektvoll, bewundernd und skeptisch. Thomas Manns letzter großer Essay jedoch, als Rede gesprochen in Stuttgart und Weimar im Mai 1955, wenige Wochen also vor dem Tode Thomas Manns, der »Versuch über Schiller«, trägt den Untertitel: »Seinem Andenken zum 150. Todestage in Liebe gewidmet«.

Die *Gegenlinie einer totalen Zurücknahme Schillers*, beginnend mit Heine und Büchner und Nietzsche, wird fortgesetzt, auch hier in folgerichtiger Weise, durch Thomas Manns entschiedenen Gegenspieler, durch *Bertolt Brecht*. Die Auseinandersetzung mit Schiller durchzieht, fast immer in negativer Fixierung, das Gesamtwerk dieses Stückeschreibers, Lyrikers und Kritikers. Es handelt sich auch bei Brecht, wie bei Büchner oder Nietzsche, um eine entschiedene Gegenposition, die sich nicht auf emotionale Abkehr beschränkt, sondern *fruchtbar wird im Gegenentwurf*. Das Lehrstück »Die Maßnahme« ist ebenso als Gegenentwurf zur kantianischen Ethik Schillers zu verstehen, wie die »Heilige Johanna der Schlachthöfe« als großangelegter Gegenentwurf Bertolt Brechts zur »Jungfrau von Orleans«.

Brecht selbst hat sich immer als einen »Lehrer« verstehen wollen. Diese Position war ihm wichtiger als die des Literaten. Seine Lehre aber verstand er als Gegenlehre zu Schiller. Die »Heilige Johanna der Schlachthöfe« möchte demonstrieren, wohin man kommt, wenn man ernst macht mit Friedrich Schillers Moralismus. »Wie gelegen kam ich den Unterdrückern«, formuliert die sterbende Johanna Darc bei Brecht. Der Anti-Kantianismus ist überscharf postuliert. Es komme nicht darauf an, gut sein zu wollen in einer unguten Welt. Man solle mithelfen bei der Schaffung einer guten oder verbesserten Welt. Bei Schiller schloß der

Text der »Jungfrau von Orleans« mit einer längeren Regie-Anweisung: »Die Fahne entfällt ihr, sie sinkt tot darauf nieder – Alle stehen lange in sprachloser Rührung – Auf einen leisen Wink des Königs werden alle Fahnen sanft auf sie niedergelassen, daß sie ganz davon bedeckt wird«.
Gegen den Schluß der »Heiligen Johanna der Schlachthöfe« steht die Gegenbemerkung als boshaftes Zitat, übrigens durchaus nicht als Abschluß des Stückes: »Alle stehen lange in sprachloser Rührung. Auf einen Wink Snyders werden alle Fahnen sanft auf sie niedergelassen, bis sie ganz davon bedeckt wird. Die Szene ist von einem rosigen Schein beleuchtet.« Den rosigen Schein hat Brecht freundlicherweise hinzugefügt, damit man auch merke, wie jenes Schiller-Zitat an dieser Stelle aufgefaßt werden muß.
Brechts Gegenposition zu Schiller wird fortgesetzt bis in die letzte Lebenszeit. Im »Guten Menschen von Sezuan« wird das Thema des folgenlosen ethischen Idealismus ebenso wieder aufgenommen wie in Brechts später Bearbeitung des »Hofmeister« von Lenz. Dort macht Brecht aus dem mehr oder weniger gesichtslosen Studenten Pätus in seiner Bearbeitung einen hitzigen Kantianer und Schillerianer. Es versteht sich, daß er eben dadurch als komische Figur vorgestellt werden soll.
Interpretiert man die beiden Gegenpositionen: entweder des Bekenntnisses zu Schiller als einem Lehrer, oder der entschiedenen Absage an Schiller als einen Irrlehrer, als Antagonismen der gegenwärtigen Literatur wie des gegenwärtigen Denkens, so will es scheinen, als habe sich die These vom nutzlosen und obsolet gewordenen Lehrer Schiller weitgehend durchgesetzt. Die äußerliche Bedeutung der Werke von Heine und Büchner, Nietzsche und Brecht, mit welcher sich der Einfluß Thomas Manns im

mindesten nicht mehr vergleichen läßt, legt die Folgerung nahe, daß es in heutiger Zeit zu Ende sei: vielleicht nicht mit den dramatischen Gebilden Friedrich Schillers, doch mit seiner Lehre, was heißen soll: mit der Substanz seines Wirkens.

Die Antwort kann nicht in Bekenntnissen gefunden werden: das wäre abermals ein ethisches Postulat, eine Schillerische Antwort, die eben zu prüfen, nicht bloß zu »bekennen« wäre. Man wird fragen müssen, jenseits der Emotionen und Gegenemotionen, *was Schiller zu lehren gedachte, und was er gelehrt hat.*

Die Frage kann nicht durch den Dramatiker beantwortet werden. Freilich schrieb Schiller – von den »Räubern« bis zum Fragment des »Demetrius« – seine Tragödien und Schauspiele als Arbeiten für eine als »moralische Anstalt« definierte Schaubühne. Allein die viel zitierte Überschrift dieser Mannheimer Rede sollte nicht programmatisch gedeutet werden. Zunächst einmal lautete der ursprüngliche Schiller-Titel ganz anders: er wirkte weitaus pragmatischer, weil gefragt wurde, was eine gute stehende Schaubühne eigentlich leisten könne. Überdies war die Mannheimer Rede, wie nachgewiesen werden kann, nicht eben ein originales Denkerzeugnis Friedrich Schillers. Da gab es viel französischen Import von jenem Sébastien Mercier, der damals als Mittler wirkte zwischen deutschem Sturm und Drang und revolutionärer Aufklärung in Frankreich.

Freilich haben alle Theaterstücke Friedrich Schillers die Autonomie eines frei wählenden Individuums zur Voraussetzung. Der zum Verbrecher gewordene Reichsgraf von Moor stellt sich der Justiz. Schillers Nemesis ereilt den Grafen Fiesco ebenso wie den Präsidenten von Walter, vor welchem ein Herzogtum gezittert hatte. Noch im »Wilhelm

Tell« ist Schiller durchaus nicht bereit, das Aufklärungsrezept der Monarchomachen aus dem englischen und französischen 17. und 18. Jahrhundert zu übernehmen: wonach der Widerstand gegen Tyrannei auch die Form des Fürstenmordes annehmen dürfe. Schiller bemüht sich dagegen, das politische Konzept des Tyrannenmordes gleichzeitig zu privatisieren und als Innerlichkeit umzudeuten. Wilhelm Tell nimmt nicht teil am Rütli-Schwur; seine Abrechnung mit dem Landvogt ist unpolitisch und moralisch in einem. Das wird dramaturgisch in aller Sorgfalt herausgearbeitet. Einmal Tell als Einzelgänger, andererseits die Unterscheidung zwischen Tell und dem Königsmörder Johannes Parricida.

Die *Lehren* Friedrich Schillers sind nicht am dramatischen Werk abzulesen. Auch die großen philosophischen Gedichte, vielleicht mit einziger Ausnahme des am Scheideweg des philosophischen Denkens entworfenen Poems »Die Künstler«, sind nur in vermittelter Form als Träger einer Lehrmeinung anzusehen. Was in jener Lyrik ausgedrückt wird, die man gern mit einem Verlegenheitsausdruck als »lyrisch-didaktisch« zu qualifizieren pflegt, wurde vorher in den großen philosophischen Abhandlungen vorgedacht. Die Gedichte sind poetische Illustration eines philosophischen Reflektierens, das man nicht unbedingt als »Philosophie« interpretieren sollte.

Auch dies hat ein so kluger und ins eigene Reflektieren verliebter Künstler wie Friedrich Schiller gewußt und sich bewußt gemacht. In seiner berühmten Selbstdarstellung, die für Goethe bestimmt war, schrieb er am 31. August 1794: »Dies ist es, was mir, besonders in früheren Jahren, sowohl auf dem Felde der Spekulation als der Dichtkunst ein ziemlich linkisches Ansehen gegeben;

denn gewöhnlich übereilte mich der Poet, wo ich philosophieren sollte, und der philosophische Geist, wo ich dichten wollte.«

Man kann es nicht besser sagen. Nichts ist absichtslos bei Schiller, weshalb man die Formulierung genau deuten sollte: er *will* dichten, allein er *soll* philosophieren. Seine Philosophie ist ein selbst auferlegtes und, mit Schiller zu reden, »in den Willen aufgenommenes« Postulat.

In der Tat ist Schiller von Hause aus kein Philosoph. Zwar hat Immanuel Kant, als er sich über Einwände Schillers in der Abhandlung »Über Anmut und Würde« zu äußern hatte, zu Schillers Freude vom »Werk einer Meisterhand« gesprochen, allein der Königsberger hatte damit nicht eben die philosophische Meisterschaft gemeint. Schillers Philosophieren entspringt stets einer Augenblickslage. Es ist in diesen Abhandlungen, auch noch in den späteren Arbeiten über die »ästhetische Erziehung des Menschen«, so auffällig oft von Absichtslosigkeit, Zwecklosigkeit, freiem Handeln als unwillkürlichem Tun die Rede, daß ein Leser mißtrauisch werden muß. Hier strebt einer nach schöner Selbstverständlichkeit im Sein und Handeln, dem gar nichts selbstverständlich ist: weil auch sein eigenes Denken insgeheim stets als Planen und Tun verstanden werden muß. Darum sind Schillers berühmte Kategorien von Anmut und Würde, naiver und sentimentalischer Dichtung, Sinnenglück und Seelenfrieden, auch von der Vollkommenheit eines zwecklosen Spielens, insgesamt ebensoviele Formen der Selbstdarstellung und der Rechtfertigung.

Schillers Philosophie ist eigentlich Rhetorik in einem sehr hohen Sinne: so wie die großartigsten Züge seiner Lyrik gleichfalls der Rhetorik zu verdanken waren. Auch in den theoretischen Abhandlungen entdeckt man die spezifische

Antithetik Friedrich Schillers, wie man sie aus seinen Gedichten kennt:

> Zwei Blumen blühen für den weisen Finder,
> Sie heißen Hoffnung und Genuß.

Die gleiche Geisteshaltung im philosophischen Bereich, wenn es an entscheidender Stelle – ebenso antithetisch wie rhetorisch – heißt: »Anmut liegt also in der Freiheit der willkürlichen Bewegungen; Würde in der Beherrschung der unwillkürlichen. Die Anmut läßt der Natur da, wo sie die Befehle des Geistes ausrichtet, einen Schein von Freiwilligkeit; die Würde hingegen unterwirft sie da, wo sie herrschen will, dem Geist.«
Eine Antithetik, die sich, in tiefem Ernst und ohne daß dem Denker dabei der Zusammenhang mit der eigenen Subjektivität bewußt würde, um so stärker der philosophischen Selbstaussage bedient, je mehr sie bemüht ist, objektiv gültige Kategorien im ästhetischen Bereich zu entdecken. Man ahnt, was gemeint ist, wenn Schiller die Würde vor allem im Leiden, im Pathos zu erblicken vermag, die Anmut dagegen vor allem im Betragen, im Ethos: »denn nur im Leiden kann sich die Freiheit des Gemüts, und nur im Handeln die Freiheit des Körpers offenbaren.«
Stärker noch als bei Pascal oder sogar bei Nietzsche wird man bei einer Analyse des schillerischen Philosophierens *von der höchst persönlichen und der geschichtlichen Lage* ausgehen müssen, worin diese Reflexion zustandekam. Schillers Philosophieren ist undenkbar ohne das persönliche Moment einer tödlichen Erkrankung *und* ohne den Prozeß einer historischen Revolution, dem sich Schillers Denken aussetzt, um mit Hilfe von Negationen zu eigenen Positionen

zu kommen. Zunächst ein Wort über den Ursprung von Schillers Philosophie in Schillers Krankheit. Am Ende des Jahres 1792 war die im Grunde und im Keim bereits tödliche Krankheit ausgebrochen. Schiller weiß, wie es um ihn steht. Am 25. Januar 1793, vier Tage nach Hinrichtung Ludwigs XVI. auf dem Revolutionsplatz zu Paris, erhält der einzige wirkliche Freund in diesem Leben, Christian Gottfried Körner also, eine Diagnose des Zustands, dem Schiller den Charakter einer moralischen Alternative zu geben sucht. Einerseits die Mitteilung im Brief: »Denn die ganze Veränderung, die ich zu erwarten habe, ist, daß es zum Schlechtern geht.« Zwei Zeilen später folgt, ganz übergangslos, der Ansatz einer ästhetischen Grundlegung.

Schiller gedenkt zu Ostern 1793 einen Traktat herauszugeben mit dem Titel »Kallias oder Über die Schönheit«. In diesem Kallias-Text bereits befindet sich die Grundlegung aller späteren Lehre Friedrich Schillers, wenn es heißt: »Schönheit also ist nichts anders als Freiheit in der Erscheinung.« Die Freiheit ihrerseits sei »nichts anders als die Selbstbestimmung in einem Dinge, insofern sie sich in der Anschauung offenbart«. Zur Exemplifizierung wird zunächst das Beispiel einer menschlichen Haltung gewählt, einer Hilfeleistung. An ihr möchte Schiller ein »Schönheitselement im menschlichen Tun« entdecken. Das ist gleichsam eine Pflichtaufgabe. Dann wird das eigentliche Thema abgehandelt: *das Schönheitselement im Kunstwerk*. Wieder arbeitet Schiller mit seinen geliebten Antithesen, wenn er Naturschönheit und Kunstschönheit gegeneinanderstellt: »Schön ist ein Naturprodukt, wenn es in seiner Kunstmäßigkeit frei erscheint. Schön ist ein Kunstprodukt, wenn es ein Naturprodukt frei darstellt. Freiheit der Darstellung ist also der Begriff, mit dem wir es hier zu tun haben.« Immer vorausgesetzt der Freiheits- und Autonomiecharakter dieses Denkens, den Schiller von Kant übernimmt, so bleibt nach wie vor das Spezifische der künstlerischen, insbesondere der poetischen Schönheit zu definieren. Schiller stellt sich dem Problem im letzten Kallias-Brief, um ausgerechnet hier sogleich abzubrechen. Er hat das Thema nie wieder aufgenommen.

Der Kontrast zwischen Gesundheitszustand und Thematik ist nur auf den ersten Blick erstaunlich. Liest man Schillers scheinbar so leidenschaftslos und »objektiv« vorgetragene Gedankengänge vom Winter, Frühjahr und Sommer 1793, so entdeckt man Formulierungen, die fast überdeutlich von der Lage dessen künden, der schreibt. Wie anders wäre das merkwürdige Beispiel, jenes wunderliche Freiheitssymbol, zu deuten, das auch in Schillers Gedichten immer wieder reproduziert wird: »Es ist nicht unwichtig zu bemerken, daß die Fähigkeit, über die Schwere zu siegen, oft zum Symbol der Freiheit gebraucht wird. Wir drücken die Freiheit der Phantasie aus, indem wir ihr Flügel geben; wir lassen Psyche mit Schmetterlingsflügeln sich über das Irdische erheben, wenn wir ihre Freiheit von den Fesseln des Stoffes bezeichnen wollen. Offenbar ist die Schwerkraft eine Fessel für jedes Organische, und ein Sieg über dieselbe gibt daher kein unschickliches Sinnbild der Freiheit ab.«

Wie wäre es möglich, Schillers Definition der »Würde« in ihrer Beziehung zur Grazie zu verkennen, wenn es heißt: »Gesetzt, wir erblicken an einem Menschen Zeichen des qualvollsten Affektes aus der Klasse jener ersten ganz unwillkürlichen Bewegungen. Aber indem seine Adern auflaufen, seine Muskel krampfhaft angespannt werden, sein

Unterleib einwärts gepreßt ist, sind seine willkürlichen Bewegungen sanft, seine Gesichtszüge frei, und es ist heiter um Aug und Stirne. Wäre der Mensch bloß ein Sinnenwesen, so würden alle seine Züge, da sie dieselbe gemeinschaftliche Quelle hätten, miteinander übereinstimmend sein und also in dem gegenwärtigen Fall alle ohne Unterschied Leiden ausdrücken müssen. Da aber Züge der Ruhe unter die Züge des Schmerzes gemischt sind, einerlei Ursache aber nicht entgegengesetzte Wirkungen haben kann, so beweist dieser Widerspruch der Züge das Dasein und den Einfluß einer Kraft, die von dem Leiden unabhängig und den Eindrücken überlegen ist, unter denen wir das Sinnliche erliegen sehen. Und auf diese Art nun wird die Ruhe im Leiden, also worin die Würde eigentlich besteht, obgleich nur mittelbar durch einen Vernunftschluß, Darstellung der Intelligenz im Menschen und Ausdruck seiner moralischen Freiheit.«

Hier wird ein Selbstporträt gegeben durch Herausarbeiten jener Mischung aus »unwillkürlichen Bewegungen«, verursacht durch die physischen Leiden des Lungenkranken, und den ebenso freien wie würdevollen »willkürlichen Bewegungen« dessen, der an Körner schreibt, um das Wesen der Schönheit zu ergründen.

Die Zusammenhänge zwischen Schillers Krankheit und der Substanz seines Philosophierens sind unverkennbar. Schwieriger zu beweisen scheint die Behauptung, daß Schillers große philosophische Abhandlungen als unmittelbarer Reflex auf die revolutionären Ereignisse in Frankreich zwischen 1792 und 1795 zu verstehen sind: also von Prozeß und Hinrichtung des Königs über die Beseitigung der Girondisten wie der Hébertisten und die Schreckensherrschaft Robespierres bis zum Thermidor und zur Hin-

richtung der Robespierristen. Zwar hatte Schiller, wie bekannt, den Plan geäußert, ein Memorandum zur Verteidigung des angeklagten Königs von Frankreich zu verfassen, doch in den Briefen Schillers an Körner werden dann die »französischen Sachen« gleichsam nur hingewischt oder eigentlich weggewischt. Daraus ist immer wieder gefolgert worden, nicht zuletzt durch Ernst Bloch in seiner Schiller-Studie von 1955, daß sich bei Schiller »eine selbst im Deutschland der Misere ungewöhnliche Fremdheit, ja bald Feindschaft gegen die größte Tendenz seines Jahrhunderts« findet. Schiller verneinte, wie Bloch meint, nicht nur die Folgen, auch die spezifischen Inhalte (Freiheit und Gleichheit) der bürgerlichen Revolution.
Das ist aber nur bedingt richtig, wenn man den Parallelismus der historischen Ereignisse und der philosophischen Spekulationen genauer untersucht. Schillers ästhetische Betrachtungen zwischen 1790 und 1794 weisen alle Züge einer »Ersatzhandlung« auf. Der Ausdruck sollte in doppeltem Sinne verstanden werden. Einmal handelte es sich in diesen Jahren für Schiller um das philosophische Surrogat, dessen sich ein Dichter bedient, weil alles, wie er weiß, dazu dienen muß, den Zustand poetischer Sterilität zu überbrücken. Es handelt sich um die große Zäsur zwischen dem Abschluß des »Don Carlos« von 1787 und der Vollendung des »Wallenstein« am 17. März 1799.
In dieser Konstellation wird für Schiller, *abermals als Ersatzhandlung*, die Philosophie zum Versuch, die rousseauistische Naivität der eigenen Anfänge zu überprüfen, besonders aber den Freiheitsgehalt des europäischen Aufklärungsdenkens vom Terrorismus der Jakobiner zu trennen. Mit welchem Ziel? Eine Sphäre zu finden, worin sich Humanität verwirklicht, ohne Gefahr zu laufen, durch kontra-

stierendes Zweckdenken in bare Unmenschlichkeit verwandelt zu werden.

Weit davon entfernt also, eine Art »Flucht in die Philosophie« zu bedeuten, sind die theoretischen Arbeiten Schillers zwischen 1790 und 1794 als Versuche zu bestimmen, dem Zeitgeschehen durch zeitloses Denken beizukommen. Weshalb Schiller die höchste Ausformung der Humanität in einer *Sphäre des Spiels* festzustellen glaubt, die sich als Übergipfelung des Ethischen und des Ästhetischen darzustellen schien: Wobei der spielende Mensch, der homo ludens, das Modell abzugeben hatte einer künftigen, richtig verstandenen Humanität. Hier wurde das Philosophieren in einem zur Selbstdarstellung *und* zur geschichtlichen Therapie. Woraus nun freilich gleichzeitig erhellt, warum Schiller, kurz vor Abschluß der großen und wohl auch gültigsten Abhandlung über »naive und sentimentalische« Dichtung, am 17. Dezember 1795 an Goethe schreiben konnte, er gedenke nun die »philosophische Bude« zu schließen. Was am gleichen Tage im Brief an Wilhelm von Humboldt noch folgendermaßen erläutert wird: ». . . Ich sehne mich jetzt wieder recht nach einer poetischen Arbeit; denn der Beschluß der ›Sentimentalischen Dichter‹, an dem ich jetzt noch arbeite, fängt an, mir zu entleiden. Ich verliere immer gegen das Ende die Geduld, wenn ich unterbrochen und von einer äußern Notwendigkeit gescheucht habe arbeiten müssen. Indes war dieser letzte Aufsatz auf keine Weise zu umgehen.«

Das philosophische Zwischenspiel war beendet. Die Verbindung mit Goethe hatte ganz neue Lebensaspekte eröffnet. Übrigens war die Revolution gleichfalls zu Ende. Der Thermidor hatte auch Robespierre und Saint-Just unters Fallbeil geschickt. Nun herrschten in Paris die Revolutionsgewinner des Directoire. Das Zwischenspiel eines scheinbar objektiven Philosophierens war für Schiller abgeschlossen.

Rückblickend wird man sagen müssen, daß von jenen großen Abhandlungen, die Schiller seiner Krankheit und der Reflexion mit den französischen Ereignissen abgewann, die später von deutschen Schulmeistern so hartnäckig gelobte Studie *»Über Anmut und Würde«* den heutigen Leser und Schiller-Verehrer weit eher irritieren als begeistern muß. Da schreibt ein frischgebackener Kantianer, der insgeheim noch stark in der vorkantianischen Tradition der Ästhetik verfangen bleibt. Weil sich Schiller in Fragen der Würde genugsam auszukennen glaubt, bemüht er sich ebenso hartnäckig wie erfolglos um das Phänomen der Grazie. Das geht bis zur Absurdität, wenn definiert wird: »Anmut ist eine Schönheit, die nicht von der Natur gegeben, sondern von dem Subjekt selber hervorgebracht wird.« Richtig verstanden, wird damit die Grazie als ein persönliches Verdienst hingestellt. Schiller geht so weit, daß er die Schönheit, nach guter Art eines Aufklärers, als die »Bürgerin zweier Welten« definiert, »deren einer sie durch Geburt, der anderen durch Adoption angehört«.

Wichtiger zu nehmen sind Schillers Briefe *»Über die ästhetische Erziehung des Menschen«*. Wobei Zufall und historischer Ablauf zusammenwirken: ein Ergebnis der Auseinandersetzung mit der Französischen Revolution nach dem Thermidor, dem 27. Juli 1794, dem Sturz Robespierres. Der Zufall waltete insofern, als Schiller bereits in der zweiten Jahreshälfte 1793 auf Wunsch des Herzogs von Schleswig-Holstein-Augustenburg, gegen Honorierung, seine Gedanken über Ästhetik und ästhetische Erziehung brieflich mitgeteilt hatte. Am 26. Februar 1794 brannte das Schloß

Christiansborg in Kopenhagen, auch Schillers Briefe sind damals verbrannt. Der Herzog erbittet sich eine Rekonstruktion, die aber, entsprechend den neuen und veränderten Zeitverhältnissen, in wesentlich veränderter und erweiterter Form geliefert wird. Schiller arbeitet daran vom September 1794 bis Juni 1795. Die Abhandlung wird dadurch *gleichzeitig thermidorischer und auch goetheanischer*, denn inzwischen hat, Ende August 1794, die entscheidende Begegnung mit Goethe stattgefunden.
Hier liest man das entscheidende theoretische Dokument der Weimarer Klassik. Ein Dokument der Aufklärung *und* der Verarbeitung geschichtlicher Erfahrungen in einem. Diesmal wird die Französische Revolution nicht mehr ausgespart wie bei den Abhandlungen über Tragik und Vergnügen, Anmut und Würde. Schiller will zweierlei bieten: eine Analyse, welche zeigen möchte, daß der Vollzug der Aufklärung auch ohne Revolution möglich sei: eigentlich *nur* ohne Revolution, und einen Fürstenspiegel, denn es wäre durchaus verfehlt, den herzoglichen Empfänger dieser Briefe ausschließlich als formalen Adressaten zu verstehen. Gerade der Ästhetiker Schiller erweist sich wieder als politischer Denker und als Diplomat. Es ist durchaus wörtlich zu nehmen, wenn er bereits im zweiten Brief dem herzoglichen Adressaten das Programm andeutet: »Ich hoffe, Sie zu überzeugen, daß diese Materie weit weniger dem Bedürfnis als dem Geschmack des Zeitalters fremd ist, ja daß man, um jenes politische Problem in der Erfahrung zu lösen, durch das ästhetische den Weg nehmen muß, weil es die Schönheit ist, durch welche man zu der Freiheit wandert.«
Die Schönheit sei es, durch welche man den Weg zur Freiheit nehmen müsse. Ein Fürstenspiegel, denn weder die

bisherige Geisteshaltung der in Deutschland herrschenden Fürsten, noch der Zustand des Volkes böten eine Möglichkeit, aus der verschuldet-unverschuldeten Unmündigkeit herauszutreten. Dann aber fährt Schiller fort: »Auf der anderen Seite geben uns die zivilisierten Klassen den noch widrigern Anblick der Schlaffheit und einer Depravation des Charakters«, worauf der Schreibende hinzusetzt, diese Verderbnis der herrschenden Schichten sei um so empörender, als sie nicht auf Unwissenheit beruhe wie beim Volke, sondern mit dem Anspruch auftrete, die Kultur zu repräsentieren.

Unmittelbar darauf entwirft der Briefschreiber ein genaues Bild der Auswirkungen kapitalistischer Arbeitsteilung und Spezialisierung auf den bürgerlichen Menschen in Deutschland. Es bestehe keinerlei Gefühlsbindung mehr zwischen den Untertanen und dem Staat. »Ewig bleibt der Staat seinen Bürgern fremd, weil ihn das Gefühl nirgend findet.« Die regierenden Schichten hätten die Regierungsziele der allgemeinen Wohlfahrt, wie sie Schiller als Rousseauist versteht, »zuletzt ganz und gar aus den Augen verloren«. Darum also sind für den Verfasser der »Briefe über die ästhetische Erziehung des Menschen« der deutsche Staat oder die deutsche Kleinstaaterei völlig ungeeignet, den Prozeß der Humanisierung zu leisten.

Gegen den Schluß der Abhandlung aber kehrt der bürgerliche Aufklärer Schiller plötzlich wieder in den höfischen Bereich zurück. Der »ästhetische Staat« wird dort zur Wirklichkeit, wo »der Geschmack regiert«, an jenen Orten also, wo man Freiheit und schönen Schein erleben darf, wie Schiller sagt, »als schönen Ton in der Nähe des Throns«. Natürlich ist das ein Kompliment für den Adressaten der Briefe, den Herzog in Holstein. Im ästhetischen Staat bewegt sich der spielende Mensch, der freie Mensch, der Künstler, der Hofmann. Man versteht weder die Weimarer Klassik noch den ästhetischen Lehrer und Erzieher Friedrich Schiller, verliert man diese persönliche und geschichtliche Konstellation aus den Augen.

Allein auch dies war nicht die Endphase jener philosophischen Aktion in einer Zeit der geschichtlichen Veränderung und der poetischen Dürre. Die Abhandlung »Über naive und sentimentalische Dichtung« war gleichfalls schon 1793 geplant, wurde jedoch erst im September 1795 von neuem aufgenommen und zuerst in Schillers berühmter und kurzlebiger Zeitschrift »Die Horen« gedruckt. Abermals eine Antithese, wie beim früheren Gegensatzpaar der Anmut und der Würde. Hatte Schiller damals die Würde nur kurz abgetan, so ist er diesmal ebenso lakonisch, wenn er die naive Dichtung behandelt, also die Anmut der antiken Kunst und Literatur. Wichtig ist ihm diesmal fast ausschließlich die moderne Dichtung, die er als »sentimentalisch« definiert. »Der Dichter *ist* entweder Natur, oder er wird sie suchen. Jenes macht den naiven, dieses den sentimentalischen Dichter.« Der Verlauf der Abhandlung jedoch demonstriert, wie gering die Chancen geworden seien für einen Dichter der Schiller-Zeit, im anmutigen Sinne angeblicher Antike noch Natur zu repräsentieren. Der moderne Dichter ist von Gesellschafts wegen dazu verurteilt, sentimentalisch zu sein. Sein Dichten ist dort idyllisch, wo es poetische Gegenwelten errichtet, weil es sie in der Wirklichkeit nicht mehr gibt: wo Arkadien beschworen wird aus Mangel. Es ist elegisch in der Trauer über verlorene Harmonie, und satirisch im Moralismus des Kritikers, der das Unschöne am Schönen mißt. Nicht Gattungsarten, so betont Schiller ausdrücklich, seien damit ausgedrückt, sondern Gesinnungsarten.

Hier erreicht Schillers Theorie gleichzeitig den geistigen Höhepunkt und ihren dichtesten Kontakt mit der geschichtlichen Realität. Das Spiel wird in den Dienst der moralischen Forderung gestellt. Die Beziehungen zwischen der ästhetischen und der moralischen Sphäre werden nun, zumal sich Schiller im Bereich der Literatur auskennt, weitaus exakter bestimmt. *Modernes Dichten entstehe als Kontrast zur bestehenden Kultur*. Mit dem Ziel, aus dem Wissen von der Idee einer Humanität im Stande der Unschuld, die moralische Forderung abzuleiten, an der Herbeiführung von Zuständen mitzuwirken, wo eine neue Unschuld aus gesellschaftlicher Erfahrung und Veränderung zu entstehen vermag. Womit Schillers großartige Abhandlung nicht nur hinüberleitet zu Heinrich von Kleists Abhandlung über das Marionettentheater, sondern auch zur Bemühung der sentimentalischen Dichter unserer Tage um diese neue Naivität.
Hier in der Tat kann man von Schiller als einem Lehrer sprechen. Thomas Mann hat gewußt, warum er immer wieder, auch als Erzähler und Deuter seiner selbst und der zeitgenössischen Literatur, auf Schillers Kategorien der naiven und der sentimentalischen Dichtung zurückgriff. Thomas Mann war mit Schiller darin einig, daß heutige Literatur vielleicht bisweilen noch idyllisch sein könne in einem sentimentalischen Verstande: wenn sie eine harmonische Gegenwelt zur gespaltenen Wirklichkeit von heute zu entwerfen sucht. Vor allem aber sei sie, immer mit Schiller, an die Gattungen der Elegie und der Satire gebunden: was jedesmal ein Spannungsverhältnis ausdrückt zwischen dem gesellschaftlichen Sein und dem ästhetischen Postulat.
In seiner Schiller-Rede von 1959 hat Friedrich Dürrenmatt

den Dramatiker Brecht einen sentimentalischen Dichter im Sinne Schillers genannt. Er wollte damit sagen, daß auch die Kunst des späten Brecht auf der Suche sei, wie Schiller und auch wie Kleist, nach einer neuen Naivität.

Schillers letzte Abhandlung *»Über das Erhabene«*, gleichfalls im Jahre 1795 entstanden als Abgesang, und erst 1801 publiziert, bedeutet keinen neuen denkerischen Vorstoß. Immerhin findet sich hier ein berühmter Schiller-Satz: »Der Wille ist der Geschlechtscharakter des Menschen, und die Vernunft selbst ist nur die ewige Regel desselben. Eben deswegen ist des Menschen nichts so unwürdig, als Gewalt zu erleiden, denn Gewalt hebt ihn auf. Wer sie uns antut, macht uns nichts Geringeres als die Menschheit streitig; wer sie feigerweise erleidet, wirft seine Menschheit hinweg.«

Ernst Bloch hat diesen Satz in seinem Buch über »Naturrecht und menschliche Würde« zitiert. Er nannte ihn »einen Perspektivplan, der sich hören lassen kann«. In der Tat: hier münden Schillers Lehren unmittelbar in heutige Betrachtungen über das Phänomen der Gewalt. Um Schiller abermals zum Abschluß zu zitieren: »Eben deswegen ist des Menschen nichts so unwürdig, als Gewalt zu erleiden, denn Gewalt hebt ihn auf. Wer sie uns antut, macht uns nichts Geringeres als die Menschheit streitig; wer sie feigerweise erleidet, wirft seine Menschheit hinweg.«

(1980)

7. Skizzen zu einem Porträt

In seiner vatikanischen Darstellung der »Schule von Athen«, einer bildnerischen Deutung griechischen Philosophierens aus dem Geist der Renaissance, gruppiert Raffael die antiken Denker und Vertreter von philosophischen Lehrmeinungen um die Zentralgestalten des Platon und des Aristoteles. Deren nach oben oder auf die Erde deutende Gebärden sollen das Gegensatz-Paar des philosophischen Idealismus und Realismus zum Ausdruck bringen. In ähnlicher Weise verstand man im deutschen 19. Jahrhundert das geistige Verhältnis zwischen Schiller und Goethe. Noch das berühmte Doppel-Standbild Ernst Rietschels vor dem Deutschen Nationaltheater in Weimar betont den Gegensatz des Spekulativen und Ausgreifenden bei Schiller, die Züge irdischen Beharrens bei Goethe.

So hat man Friedrich Schiller mehr als ein Jahrhundert lang, bis weit in unsere Ära, gesehen und auch sehen wollen. Die Standbilder in deutschen Städten, immer wieder beeinflußt durch den Stuttgarter Schiller von Thorwaldsen, also durch eine menschliche Form, die Anmut mit der Würde zu vereinigen wußte, haben den Autor der »Räuber« und des »Wallenstein« als einen Mann der idealischen Forderung imaginiert und des spekulativen Höhenflugs. Goethe selbst hatte mitgeholfen, ein solches Bild des Freundes, und damit auch einer Freundschaft, gebieterisch zu prägen. Im »Epilog zu Schillers Glocke« stehen die viel zitierten Verse

> Indessen schritt sein Geist gewaltig fort
> Im Ewigen des Wahren, Guten, Schönen,

Und hinter ihm, in wesenlosem Scheine
Lag, was uns alle bändigt, das Gemeine.

Ein solches Bild Friedrich Schillers konnte nur entstehen, wenn man von den Werken, weniger von den Dramen übrigens, weit eher von den philosophischen Abhandlungen und den Werken einer spekulativen Lyrik zurückschloß auf deren Autor und Urheber. So wurde der eher häßliche, dürre und rothaarige Mann, der den schwäbischen Akzent nicht loswurde und wohl auch nicht verleugnen wollte, hochstilisiert zum schönen Götterjüngling. Ein deutscher Schriftsteller, der sich auf Beeinflussung und Werbung wie kaum ein anderer verstand, auf die hochentwickelte Fähigkeit, manchen Leuten nach dem Munde zu reden, auf die es aus irgendwelchem Grunde ankam, der Intrigen zu spinnen wußte gleich jenen auf dem Schiller-Theater, wurde als streng uneigennütziger Moralist interpretiert.
Allein es gibt in Schillers Leben und Handeln kaum einen Vorgang, den man als Handeln im Sinne des Kategorischen Imperativs auslegen könnte: wo einer so handelt, daß die anderen dadurch an eine allgemeine moralische Gesetzlichkeit gemahnt werden könnten.
Friedrich Schiller hat die Philosophie von Immanuel Kant verhältnismäßig spät erst entdeckt, um sich ihr mit großer Leidenschaft zu widmen, aber auch, um sie, gegen das Lebensende hin, bloß als geistige Anregung abzutun und nicht in die Wirklichkeit, mit Schiller selbst zu sprechen, »in den Willen aufzunehmen«. Die Darstellung des »Dioskuren–Denkmals« vor dem weimarschen Theater scheint die Verbindung herstellen zu wollen von Platon zu Schiller, auch zwischen Goethe und Aristoteles. Nichts davon vermag einer Nachprüfung standzuhalten. Platons Ideenlehre

ist keineswegs »idealistisch« im Sinne eines neueren Sprachgebrauchs: auch nicht im Sinne der philosophischen Abhandlungen Friedrich Schillers. Die Ähnlichkeit in den Lebensschicksalen von Platon und Schiller kann umgekehrt in der spekulativen Besessenheit von Menschen gefunden werden, die wirken möchten in der Öffentlichkeit: als Politiker, welche Macht ausüben dürfen; als Planer von neuen Gesellschaftsformen und menschlichen Verhaltensweisen. Platon hatte die Möglichkeit, dank seiner aristokratischen Herkunft und dank seinem Ansehen als Schüler und Interpret des Sokrates, das Spiel um die Macht zu wagen. Es hat ihn beinahe das Leben gekostet, und es war nicht leicht für seine Freunde, den großen Denker, der sich auf ein Ränkespiel eingelassen hatte um die Herrschaft in Syrakus, aus der Sklaverei in den Steinbrüchen zu befreien.
Friedrich Schiller hat die Vorgänge genau gekannt. Seine Ballade von der »Bürgschaft« spielt in platonischer Zeit und im sizilianischen Reich des Tyrannen Dionys. Er gab der moralischen Ballade von einer Freundestreue, die Tod und Folter nicht scheut, die sonderbare Schlußwendung einer echt Schillerischen »Wandlung« des Charakters. Der Tyrann als Dritter im Bunde: als Freund seiner präsumtiven Mörder. Bertolt Brecht hat ein spöttisches Sonett darüber geschrieben mit der Folgerung, daß der Tyrann am Schluß gar keiner mehr gewesen sei.
Daß auch Friedrich Schiller, ähnlich wie Platon, fähig gewesen wäre zu einem Spiel um die Macht, möglicherweise mit hohem Einsatz des Lebens von anderen Menschen, haben alle vermutet, die Schiller wirklich kennenlernten und aus der Nähe betrachten konnten. Allein es langte bei ihm nicht einmal zu einem platonischen Abenteuer auf Sizilien. Schillers Politik war von vornherein undenkbar

unter deutschen Zuständen und in einem Ancien Regime, das zugrundeging. Was übrigens der realistische Goethe, dessen Verachtung für die moribunde Aristokratenwelt oft fast bis zum Haß entartete, viel deutlicher erkannte als der politisch spekulierende Hofrat, Historiker und Universitätsprofessor zu Jena.

Viele Aussagen von Schillers Freunden lassen ahnen, daß es dem Autor von »Kabale und Liebe« durchaus nicht unlieb gewesen wäre, selbst mit der Machtfülle eines Präsidenten von Walter aufzutreten, der von sich sagen kann: wo er auftrete, zittere ein Herzogtum. Der Musiker Andreas Streicher, Schillers Freund von der Karlsschule her, Gefährte und Organisator der gemeinsamen Flucht vor dem Herzog und von Stuttgart nach Mannheim, hat berichtet, wie man sich, im Augenblick eines scheinbar totalen Scheiterns der Existenzen, in die Hand gelobte, wieder hochzukommen und dann erst den Freundschaftsbund zu erneuern. Streichers Ehrgeiz zielte nicht besonders hoch. Er sehnte sich danach, ein guter Kapellmeister zu werden. Ein Erbauer der berühmten Streicher-Flügel ist daraus geworden, übrigens auch ein Freund von Beethoven. Der in Mannheim gescheiterte Friedrich Schiller aber, der bloß Gast sein konnte bei seinem Freund Christian Gottfried Körner in Dresden, war nach wie vor besessen vom politischen Ehrgeiz. Sein Ziel sei es gewesen, wie er dem Andreas Streicher erklärte, wenigstens Minister zu werden, um dann erst, von der Höhe aus, zurückzublicken in die Tiefe.

Nichts von allem, was in Schiller stecken mochte, jenseits der Schriftstellerei, hat er verwirklichen können. Vielleicht wäre er sogar, gleich dem Demosthenes, mit Hilfe von Fleiß und Technik ein großer Rhetoriker geworden: ein Mann der lebendigen Rede, nicht bloß einer rhetorischen

Poesie oder Prosa. Er ist nicht Geheimer Rat geworden und Minister wie der junge Patrizier aus Frankfurt, sondern ein kleiner Hofrat. Später ein Universitätsprofessor ohne wirkliches Gehalt, und schließlich ohne besonders viel Studenten. Keine von seinen so leidenschaftlich und gut geplanten Zeitschriften hat sich halten oder gar mithelfen können, die deutsche Wirklichkeit zu verändern. Schaut man sich in der Tat die Jahrgänge der von Schiller herausgegebenen Zeitschrift »Die Horen« an, worin er immerhin sein Ziel erreicht hatte, einige der bedeutendsten Geister damaliger Zeit, aller Gegensätze zwischen ihnen ungeachtet, zur Mitarbeit zu gewinnen, so versteht man nicht recht, *wofür* ein deutscher Leser der damaligen Zeit durch Schiller hätte gewonnen werden können. Außer für die Bewunderung der Gedanken und Schreibweisen von Goethe und Herder, August Wilhelm Schlegel und Fichte und Wilhelm von Humboldt, vieler anderer noch. Gar nicht zu reden vom Herausgeber und eifrigen Beiträger Friedrich Schiller. Auch keine »Rheinische Thalia« oder »Thalia«, kein »Musenalmanach« des Herausgebers Schiller hat nur im entferntesten so stilbildend und meinungsbildend gewirkt wie der ganz unspekulativ, aber aus genauer Kenntnis der deutschen Möglichkeiten redigierte »Teutsche Merkur« von Christoph Martin Wieland. Kein Leser hat die Zeitschriften des politischen Denkers Schiller so ernstgenommen wie – wenig später – den »Rheinischen Merkur« von Joseph Görres.

Vielleicht spürten die deutschen Leser, wenn auch undeutlich, daß Schilllers politische Energien und Planungen *insgeheim ziellos* waren, und wohl auch inhaltlos. Es war mehr ein Wollen und Machen, als daß es den Leser an ein bestimmbares und verstehbares Handeln gemahnt hätte. Schillers Politisieren, ganz wie sein philosophisches Spekulieren, ist insgeheim ziellos, fast ein bißchen fahrig. Er entwirft und verwirft in einem fort. Goethe hat später nach dem Tode des Freundes bekannt, und man spürt immer noch das Befremden darüber: »Wenn man ihn nach acht Tagen wiedersah, so fand man einen anderen und staunte und wußte nicht, wo man ihn anfassen konnte.«

Hier ist ein erster Widerspruch erkennbar, der nicht verdeckt werden darf durch Denkmalsweihe und literarischen Hochton. Schillers Freude am Planen und Intrigieren, auch in den Situationen des Alltagslebens, also nicht bloß im Spiel zwischen Wallenstein und Octavio, oder zwischen Maria und Elisabeth, war niemals geprägt durch ein politisches Konzept. Es gibt kein Gegenstück Schillers zu Platons »Politeia«; im Gegenteil gemahnen die großen philosophischen Essays, liest man sie im Zusammenhang, weit eher an ein umfassendes Programm der Entpolitisierung. Schiller ist, als ein möglicher Diplomat oder Minister oder Mirabeau oder sogar Robespierre, nicht bloß an der deutschen Misere gescheitert, sondern *am eigenen inneren Widerspruch zwischen Politik und Nicht-Politik*. Um eine (ziemlich fragwürdige) moderne Terminologie zu bemühen: zwischen einer sogenannt »reinen« und sogenannt »engagierten Literatur.

Was Schiller ein Leben lang wirklich beschäftigt zu haben scheint, war *nicht* die Erhabenheit unveränderbarer, weil außerirdischer Ideen oder Ideale, die in den Gedichten schroff antithetisch dem Lebensalltag entgegengesetzt werden. Wobei Schiller übrigens, dieser angebliche Ideal-Dichter, immer wieder voller Hohn diejenigen Träumer abfertigt, die sich auf das Ideale zu unrecht verlassen hatten. Der Poet wird von Zeus mit argem Spott belohnt, als er zu spät kommt und die Welt bereits verteilt sieht.

Noch erbarmungsloser ist der Spruch der Gottheit, den Schiller zu fällen hat im Prozeß des ewig hoffenden Utopisten:

> Was man von der Minute ausgeschlagen,
> Gibt keine Ewigkeit zurück.

Allein da ist noch mehr, und Fragwürdigeres, wenn man die Lebenswirklichkeit zu verstehen sucht hinter so viel idealistischen Maximen des Wahren, Guten und Schönen. Der gemeine Alltag, was immer Goethe deklarieren mochte, lag durchaus *nicht* hinter dem Dramatiker des »Wallenstein«: schon gar nicht im »wesenlosen Scheine«. Wie wäre das möglich gewesen bei einem Kind kleiner Leute; bei einem Mann, der sich zu wehren hatte gegen Autorität und Staatsgewalt; der hochkommen wollte, was man immer von neuem verwehrte; der krank war schließlich, sterbenskrank in langen Jahren, wenig bemittelt und kärglich abgespeist mit einem Hofratstitel und Adelsdiplom. Der freilich geliebt wurde und verehrt von seinen Lesern, ohne daß er selbst sich jedoch, von wenigen Momenten der Spätzeit abgesehen, dem Genuß des glückhaften Augenblicks hätte hingeben können.

Schiller war ein Leben lang fasziniert vom Prinzip der *treuen Freundschaft*. Als der »Dom Karlos« nicht weitergeschrieben werden kann nach dem ursprünglichen Konzept einer Kampfansage an den Absolutismus, gleichsam als ein – diesmal spanisches – »Remake« von »Kabale und Liebe«, beschließt Schiller, die Freundestreue zwischen Carlos und Posa in den Mittelpunkt einer Neufassung zu stellen. Sein Entwurf »Die Malteser« geht aus von einer sehr real, fast realistisch verstandenen Beziehung zwischen befreundeten Männern. Treue Menschen immer wieder im dramatischen

Werk, bewußt eingesetzt um ihrer rührenden Wirkung willen: Max Piccolomini und auch der treue Einzelgänger Wilhelm Tell.

Nicht minder gebannt jedoch schaut dieser Dichter der Freundestreue auf *Vorgänge des Verrats und auf die exorbitanten Verräter*. Es sind nicht bloß die berühmten Intrigantinnen der Schiller-Bühne, die Eboli und die Gräfin Terzky, Maria und Elisabeth, die Königin Isabeau als Gegenspielerin der Jungfrau von Orleans und die Donna Isabella, Fürstin von Messina, die als charakteristisch gelten können für Schillers weibliche Kunstfiguren. Ihnen stand, wie immer wieder von Schillers Bewunderern bedauernd festgestellt wurde, kein rührendes Klärchen oder Gretchen im Ausgleich gegenüber. Allein auch die zwielichtigen Verräter, die ungetreuen Freunde und heuchelnden Schönredner sind ein Spezificum dieser Dramatik: Moritz Spiegelberg und Fiesco, der Sekretarius Wurm und der Pater Domingo, Octavio Piccolomini und Lord Leicester. Im »Demetrius«, der ein falscher Demetrius ist und es bei Schiller offensichtlich auch selbst ahnt, wollte er zum Schluß zeigen, wie Machtbesitz den Menschen verändern kann. In Schillers Notizen zum Demetrius-Fragment heißt es sehr einleuchtend: »An diese süßen schmelzenden Erinnerungen knüpft sich hart und schneidend die furchtbare Gegenwart, die Gewalt ohne Liebe, die schwindligste Höhe ohne Ruhe, kurz seine volle Zarsmacht an, und die Grausamkeit packt schnell wieder seine gequälte Seele. Er ist grausam gegen alle, welche sich einen Zweifel an seiner Person merken lassen . . .«

Wie es in der Dramatik Friedrich Schillers keine Frauengestalten des reinen und ungebrochenen Gefühls gibt, so auch keine Gestalt in irgendeinem Theaterstück, die man als verschleierte Selbstdarstellung ihres Autors deuten könnte. Schillers Literatur ist in einem erstaunlichen Maße fern von aller Transponierung der Subjektivität ins Theatralisch-Objektive. Prometheus im dramatischen Gedicht und Werther im Roman, Clavigo und Egmont weisen unverkennbar zurück, ohne daß Verhüllung stattfinden sollte, auf Johann Wolfgang Goethe. Heinrich von Kleist hat seinen Figuren »den ganzen Schmutz und Glanz« seiner Seele zugemessen. Von Friedrich Schiller jedoch führt kein Weg zu irgendeiner Gestalt in den Theaterstücken.

Schillers Gedichte sind weder Gelegenheitsdichtung noch gar Erlebnisdichtung. Der verlegene Terminus »Gedankendichtung«, womit man einst die Lyrik Friedrich Schillers kennzeichnen wollte, ist töricht in doppelter Weise. Er scheint nämlich von der Annahme auszugehen, daß »wahre« Lyrik, womit man wohl das Erlebnisgedicht meinte, insgeheim ein bißchen gedankenlos zu sein habe. Außerdem wurde bei solcher Terminologie die große antike und renaissancemäßige Gattung der streng geprägten und stilisierten Form außer Acht gelassen. Daß Schillers Lyrik ohne das Erlebnisgedicht auskommt, will mithin nicht viel besagen. Die großen philosophischen Gedichte lassen sich aber ebensowenig den großen poetischen Schöpfungen der romanischen Renaissance mit ihrer streng objektivierten Weltaussage und ebenso streng gemeisterten Versform zuordnen.

Schillers philosophische Gedichte sind insgeheim formlos, oft nahezu drauflosgereimt, und sie entbehren der durch Überlieferung und eigenes Einverständnis des Dichters gefestigen Aussage über Mensch und Umwelt. Daher wimmelt es, bei näherer Betrachtung, in Schillers philosophischen Gedichten von Widersprüchen. Wer im einzelnen nachvollziehen möchte, in welcher Weise sich bei Schiller im Gedicht das Prinzip Hoffnung verwirklicht, wird verstört die Untersuchung ohne Ergebnis abbrechen müssen.

Der tiefste Widerspruch in Schillers Gesamtwerk, der ein *Element seiner Größe* darstellt, wird eben daran erkennbar. Indem sich Friedrich Schiller nämlich den persönlichen Anteil an seinen Kunstfiguren und lyrischen Dichtungen ausdrücklich versagt, um Objektives bieten zu können, das allein er für gültig hält, scheitert er gerade an dieser so heiß erstrebten Objektivität. Seine Aussagen werden subjektiv, was auch heißen mag: sie werden beliebig in ihrer Gedanklichkeit. Darum darf man vielleicht in Schillers Gedicht »Die Künstler« aus dem Jahre 1789 seine größte und wohl auch persönlichste Schöpfung im Bereich der lyrischen Gattung erblicken. Die Form war frei und dithyrambisch, die Erlösungssehnsucht eines Menschen in der Misere wurde ergreifend spürbar. Dies war, im Rahmen seiner Möglichkeiten, eine wirkliche Erlebnis- und Erfahrungsdichtung, die sich der »Gedankenlyriker« von der Subjektivität abringen mußte.

Der Vorgang sollte sich nicht wiederholen. Von nun an vertraute Schiller, der Historiker, der er nicht länger sein wollte, einer philosophischen Absage an das historische Bewußtsein. Der »Spaziergang« durch die Weltgeschichte endet in einer scheinbaren »ewigen Wiederkehr des Gleichen«, wenn das Gedicht ausklingt: »Und die Sonne Homers, siehe! sie lächelt auch uns.« Nicht minder geschichtsfremd schließt das späte Gedicht »An die Freunde«:

> Was sich nie und nirgends hat begeben,
> Das allein veraltet nie!

Auch hier ist der Widerspruch zwischen Schillers Agieren und seinen poetischen Aussagen ganz offensichtlich. Eben jener Mann, dessen beständige Wandlungen man als Flucht vor irgendeiner Festlegung deuten mag, pocht nur allzu deutlich auf die zeit- und ortlose, und damit geschichtslose Gültigkeit von philosophischen Postulaten, die er rasch wieder von sich wegweist.

Der wirkliche Philosoph jener Zeit, Immanuel Kant, hatte darum, ebenso höflich wie liebenswürdig, das Philosophieren dieses großen Schriftstellers, der sich auf Kant berief, bloß als wichtige Literatur zur Kenntnis genommen: nicht als Philosophie. Erst unter diesem dialektischen Widerspruch aber wird eine Besonderheit in Schillers Schaffen und Wirken verstehbar, die man beim Anblick einer schön und gleichmäßig gebundenen Ausgabe der Sämtlichen Werke nur allzu leicht übersehen konnte: daß man nämlich Schillers Gesamtwerk auch als eine ständige und fast zwanghafte *Flucht aus den poetischen Gattungen und den wissenschaftlichen Bereichen* interpretieren könnte.

Daß Schiller nach der mühsam und nicht zur eigenen Zufriedenheit abgeschlossenen Arbeit am »Don Carlos« ein Jahrzehnt lang zurückschreckt vor weiterer Arbeit als Dramatiker, was durchaus nicht bloß erklärt werden kann durch mangelnde Chancen auf dem Theater, ist allgemein bekannt. Allein der Vorgang wiederholt sich immer wieder auch in anderen Bereichen. Das *erzählerische Werk* Friedrich Schillers ist nur schmal, dennoch wird jeder Leser feststellen, daß Schiller ein glänzender Erzähler sein konnte. Allein dieses epische Werk einer belletristischen Prosa ist zusammengedrängt in die paar Jahre zwischen 1785 und 1790. (Wenn man von dem kleinen Frühwerk »Eine großmütige Handlung, aus der neuesten Geschichte«, das noch in Stuttgart entstand, absieht.) Die anderen Erzählungen entstanden hauptsächlich zwischen 1785 und 1788. Mit der Niederschrift des Romans »Der Geisterseher« wurde im Herbst 1786 begonnen. Von nun an wartete eine große Lesergemeinschaft der »Thalia« auf die Fortsetzung, doch spätestens gegen Ende des Jahres 1791 scheint Schiller die Romanschreiberei sattgehabt zu haben. Schon am 17. März 1788 heißt es in einem Brief an Körner: »Es gibt wenig Beschäftigungen . . ., bei denen ich mir eines sündigen Zeitaufwands so bewußt war, als bei dieser Schmiererei. Aber bezahlt wird es nun einmal.«

Flucht aus der Dramatik, aus den Erzählwerken, bald darauf aus der Geschichtsschreibung. Man ist nun Geschichtsprofessor, und damit hat man es schon wieder satt. Auch das ist offensichtlich zum »sündigen Zeitaufwand« geworden. Außerdem scheint es sich nicht gut bezahlt zu machen.

Nicht anders verhält es sich mit der Produktion der philosophischen und essayistischen Abhandlungen. Unmittelbar nach seiner bedeutendsten Leistung in diesem Bereich, nach Vollendung der Studie über »Naive und sentimentalische Dichtung«, schreibt er am 17. Dezember 1795 an Goethe, er gedenke nun »die philosophische Bude« zu schließen.

Nimmt man den *geschichtlichen Augenblick* genauer wahr, der Schillers philosophische Abhandlungen recht eigentlich provozieren sollte: den Ablauf der Französischen Revolution, den er Schritt für Schritt mit seinen Untersuchungen begleitet und durch Kontraste auch kommentiert, so begreift man, warum die philosophische Bude jetzt getrost zugemacht werden konnte. Die Verbindung mit Goethe hatte ganz neue Lebensaspekte eröffnet. Die Revolution in Frankreich war zu Ende.

Immer wieder also eine sonderbare Flucht *aus* den Gattungen, die genau korrespondiert mit einer Flucht des Schriftstellers vor sich selbst und *in* jeweils wechselnde Gattungen. Dadurch aber wird im Porträt Friedrich Schillers ein merkwürdiger Zug sichtbar, der zaghaft bloß erkannt werden mag, weil die Fülle des Oeuvres ihn leicht erdrücken könnte. *Gemeint ist die Rolle des Ausdruckszwangs im Leben und Werk Friedrich Schillers.* Als »Ausdruckszwang« hat Gottfried Benn bekanntlich den inneren und gleichsam existentiellen Impuls eines Menschen bezeichnet, dem alle Sorgen um Erfolg und Wirken, Laufbahn und Sicherung zurückzutreten scheinen hinter der Notwendigkeit, sich selbst auszudrücken. In diesem besonderen Falle: als Schreibender.

Daß Friedrich Schiller bis zum Leiden und bis zur Erschöpfung gequält war vom Zwang des schriftlichen Ausdrucks, ist evident. Rätselhaft jedoch erscheint die Richtung eines solchen Schreibenmüssens. Bisweilen scheint sie ihr Genüge zu finden im Briefeschreiben, wobei der Schreibende nicht ahnen kann, daß seine Briefe an Körner oder Goethe irgendwann einmal als »Werk« verstanden werden könnten. Vielleicht hat er es im letzten Lebensjahrzehnt, im Briefwechsel mit Goethe, bereits geahnt. Manche Stilisierung in seinen Briefen läßt darauf schließen. Unverkennbar ist auch, daß der junge Schiller allen Haß und alles Aufbegehren im Schreiben für das Theater »aufheben« kann. Dadurch wird die erlittene Demütigung gleichzeitig aufbewahrt und weggeschrieben vom leidenden Subjekt.

Indem sich jedoch der Ausdruckszwang unerfüllt sieht in der Dramatik, später im Erzählwerk, dann in der philosophischen Reflexion, dann in den poetisch-philosophischen Maximen großer Lehrgedichte, am Lebensende wieder im

Schreiben für das Theater, entsteht eine sonderbare Leere. Flucht von Gattung zu Gattung, und wieder aus ihnen heraus. Man wird als Betrachter all dieser Wandlungen fast geneigt, Schillers eigentliches und dichterisches Werk als *subjektiv unnotwendig* zu empfinden. Notwendig ist das Schreiben, alles andere scheint daneben fast zweitrangig geworden zu sein. Man kann Theaterstücke schreiben, kann es aber auch wieder lassen. Nicht anders bei der Geschichtsschreibung, der Erzählung, der Philosophie, der philosophischen Dichtung. Da keiner Gattung vom Autor gestattet wird, irgendein Persönliches zu transportieren, ist die scheinbare Objektivität fragwürdig, denn es fehlt an der verweigerten Relation zwischen Subjekt und Objekt dieser Literatur. Sie wirkt ferner brüchig, weil auch die geschichtliche Zeitgenossenschaft verweigert wird zugunsten einer geschichtslosen Ewigkeit. Schiller hat nicht wahrhaben wollen, daß unter der Sonne Homers auch er nicht mehr wandeln konnte.

Der Faszination Schillers durch die großen Intriganten und Verräter muß auch in seinem Leben, bei allen Bekenntnissen zur Treue, insgeheim ein Hang zur Untreue entsprochen haben, wenigstens zur Unverläßlichkeit. Dafür gibt es viele Beispiele. Vielleicht hat dieser große Schriftsteller seine Literatur so ausdrücklich fernhalten wollen aus seiner persönlichen Gefühlswelt, weil er sich dieser Verwirrung des Gefühls bewußt war. Große Leidenschaften, verursacht durch Menschen, gab es wohl nicht in diesem Leben. Es gab auch hier die Beliebigkeit, nicht die Notwendigkeit. Er hätte auch die Schwester seiner späteren Frau heiraten mögen oder können. Von einer »Freundschaft« zu sprechen zwischen Schiller und Goethe ist kaum denkbar, wenigstens was Schillers Anteil an dieser Freundschaft betrifft.

856 Kobo Abe, Die Frau in den Dünen
857 Thomas Bernhard, Beton
858 Felisberto Hernández, Die Hortensien
860 Jurij Trifonow, Zeit und Ort
861 Shen Congwen, Die Grenzstadt
862 Ogai Mori, Die Wildgans
863 Karl Krolow, Im Gehen
865 Gertrud von le Fort, Die Tochter Farinatas
866 Joachim Maass, Die unwiederbringliche Zeit
867 Stanisław Lem, Die Geschichte von den drei geschichtenerzählenden Maschinen des Königs Genius
868 Peter Huchel, Margarethe Minde
869 Hermann Hesse, Steppenwolf mit 15 Aquarellen von Gunter Böhmer
870 Thomas Bernhard, Der Theatermacher
871 Hans Magnus Enzensberger, Der Menschenfreund
872 Emmanuel Bove, Bécon-les-Bruyères
873 Max Frisch, Biografie: Ein Spiel, Neue Fassung 1984
874 Anderson/Stein, Briefwechsel
875 Rafael Sánchez Ferlosio, Abenteuer und Wanderungen des Alfanhui
877 Franz Hessel, Pariser Romanze
878 Danilo Kiš, Garten, Asche
879 Hugo von Hofmannsthal, Lucidor
880 Adolf Muschg, Leib und Leben
881 Horacio Quiroga, Geschichten von Liebe, Irrsinn und Tod
882 Max Frisch, Blaubart
883 Mircea Eliade, Nächte in Serampore
884 Clarice Lispector, Die Sternstunde
885 Konrad Weiß, Die Löwin
887 Jean Grenier, Die Inseln
888 Thomas Bernhard, Ritter, Dene, Voss
889 Max Jacob, Höllenvisionen
890 Rudyard Kipling, Kim
891 Peter Huchel, Die neunte Stunde
892 Scholem-Alejchem, Schir-ha-Schirim
893 Ferreira Gullar, Schmutziges Gedicht
894 Martin Kessel, Die Schwester des Don Quijchote
895 Raymund Queneau, Mein Freund Pierrot
899 Thomas Bernhard, Der Untergeher
900 Martin Walser, Gesammelte Geschichten
901 Leonora Carrington, Das Hörrohr
902 Henri Michaux, Ein gewisser Plum
903 Walker Percy, Der Kinogeher
904 Julien Gracq, Die engen Wasser
909 Marie Luise Kaschnitz, Menschen und Dinge 1945
910 Thomas Bernhard, Einfach kompliziert

Wenn er am 23. November 1800 an die dänische Gräfin Charlotte von Schimmelmann schreibt, die Schiller verehrt und Goethe mißbilligt, so heißt es schließlich: »Es wäre zu wünschen, daß ich Goethen eben so gut in Rücksicht auf seine häuslichen Verhältnisse rechtfertigen könnte ... Aber leider ist er durch einige falsche Begriffe über das häusliche Glück und durch eine unglückliche Ehescheu in ein Verhältnis geraten, welches ihn in seinem eigenen häuslichen Kreise drückt und unglücklich macht, und welches abzuschütteln er leider zu schwach und zu weichherzig ist.«

Das ist ein kaltes und hochmütiges Moralisieren; ein bißchen Verachtung für den Schwächling klingt mit. Ein Freund hätte es anders verstanden, auch nicht vor Fremden darüber diskutiert. Über die Diskrepanz zwischen jener Christiane Vulpius und der Geborenen von Lengefeld wollte der Junge aus Marbach am Neckar offenbar nicht wegkommen.

Auch Thomas Mann hat in seinem letzten großen Essay, dem »Versuch über Schiller« von 1955, mit aller Schonung die spärliche Gefühlskraft hervorgehoben, die Schiller im Verhältnis zu anderen Menschen offenbar aufzubringen gedachte. Das galt für die Freundschaft wie für die Erotik. Thomas Mann konstatiert: »In diesem unlyrischen Leben spielt das Erotische keine schöpferische, epochenbildende Rolle. Es gibt darin kein Sesenheim, kein Wetzlar, keine Lida, Marianne und Ulrike. Die Polarität der Geschlechter vergeistet sich ihm, wie alles das tat.« Wenn Thomas Mann dann jedoch hinzusetzt, das große Abenteuer in Schillers Leben sei »eine Angelegenheit zwischen Mann und Mann« gewesen, »zwischen ihm, dem ganz Männlichen, und jenem, dem er weibliche Artung zusprechen wollte«, zu Goethe also, so wird man die Beziehung zwischen diesen beiden Weimaranern doch wohl anders sehen müssen. Es ist mehr Thomas Mann als Friedrich Schiller, was in der Erzählung »Schwere Stunde« von 1905 und in dem Roman »Lotte in Weimar« von 1939 ausgesagt wird über Schillers emotionales Verhältnis zu dem großen und angeblich noch (in Schillers Sinne) »naiven« Dichter. Schiller hat um Goethe geworben mit aller Kunst und Kraft, deren er fähig war. Allein es war keine männliche Werbung, sondern auch hier war ein Element des Spekulativen im Spiel. Gerade dieses gefühlskalte Planen hat Thomas Mann selbst mit Recht hervorgehoben: »Es ist da ein phantastischer Hang zum Planen großer Geschäfte, der an Balzac erinnert und in der Korrespondenz mit Cotta zu Tage tritt: dies beständige Anregen weitgespannter Unternehmungen, dies Wälzen spekulativer Ideen und Abwägen von Erfolgs- und Gewinnchancen großen Stils. Gewiß, er spekulierte nicht nur als Philosoph, das Spekulieren war überhaupt seine Passion.«

Spekulativ war im Grunde auch sein Verhältnis zu seinen Stoffen. In ihnen ist kaum jemals ein Element zu entdecken, das für Schillers Identität von Bedeutung wäre. Was sind ihm Jeanne d'Arc und Maria Stuart oder Demetrius? Einzig Fiesco, und vor allem Wallenstein haben, über den Stoff und die Konstellation hinaus, etwas wie Leidenschaft des Gestaltens hervorgerufen und den Ausdruckszwang gelenkt. Das macht: es wurde in diesen Fällen möglich, die Welt des Verrats und des Verräters von innen her zu erleben.

Fast bis zur objektiven Komik vorgetrieben wird das Spekulieren über die Erfolgschancen eines Stoffes oder Themas in den beiden dann aufgegebenen Plänen mit Friedrich II. und dem Schwedenkönig Gustav Adolf. Was sind ihm Friedrich und Gustav Adolf? Doch beide Themen bürgen insgeheim für Popularität.

Die ist ihm, dem Idealdichter der Nation, in überwältigendem Maße zuteil geworden. Der späte deutsche Ruhm eines todgeweihten Mannes. Hat Schiller ihn genossen oder auch bloß genießen wollen? Auch hier drängte ein neues Spekulieren alles andere zurück. Er wollte weg von Weimar. Berlin schien andere Chancen zu bieten. Was sollte ihm nun der Andere? Schiller war jetzt ungemein erfolgreich, Goethe war es damals, wenige Jahre vor Erscheinen des Ersten Faust, im mindesten nicht.

Mehr als ein Jahrhundert lang verschwand der Mann Friedrich Schiller hinter den vielen Standbildern, die ihm errichtet wurden: in Versen und Prosa, in Marmor wie in Erz. Daß Schillers Dichtung in der Endzeit eines Jahrhunderts der Aufklärung und im Anbruch der europäischen Romantik insgeheim unzeitgemäß war, mag er selbst nicht empfunden haben. Die verhaßten Romantiker in Jena aber, angeführt von der von Schiller verteufelten »Madame Luzifer«, Karoline Schlegel also, haben es genau gewußt. Schiller hat die vorhandenen Formen zwar bisweilen gesprengt, etwa im »Wilhelm Tell«, doch blieb sein Respekt vor den Gattungen, die er vorfand und benutzen mußte, ebenso groß wie sein Überdruß an der Arbeit mit ihnen. Da jedoch der dichterischen Subjektivität kein Eindringen gestattet wurde in Friedrich Schillers Dichtung, mußten die aufregenden Stoffe und die ausgeklügelten Intrigen jene Wirkung auslösen, die das dichterische Ich nicht bewilligen durfte.

Vielleicht war dies auch der tiefe Grund dafür, daß *Friedrich Hölderlin* sich schließlich, nach vertrautem Umgang mit dem Bewunderten, von seinem schwäbischen Landsmann lossagen mußte. Es mag auch ein Grund dafür gewesen sein, daß Schiller seine Hand zurückzog von Hölderlin, den er zuerst mit einem »Fragment von Hyperion« im V. Heft der »Thalia« von 1793 gedruckt hatte.

Als *Friedrich Dürrenmatt* im Jahre 1959 den Schiller-Preis der Stadt Mannheim erhielt, bekannte er in seiner Dankrede ein mangelndes Interesse an Schillers Dramen, ein größeres an seinen spekulativen Essays, eine wirkliche Neugier aber, die besondere Arbeitsweise Friedrich Schillers nachzuvollziehen: »In Schiller ist die große Nüchternheit spürbar, die wir heute dem Staate gegenüber nötig haben, dessen Neigung, total zu werden, immanent geworden ist.« Auch Dürrenmatt geht in dieser Rede ein auf Schillers Absage an die Philosophie zugunsten der Dramatik und Dramaturgie: »Was aber Schiller entdeckte, nachdem er seine Beschäftigung mit der Philosophie aufgegeben hatte, bleibt uns für immer als eine Erkenntnis, unabhängig davon, ob uns Schiller als Dramatiker beeindrucke oder nicht.« Gemeint war dies: Gerade der Verzicht auf Identifikation des Dramatikers mit irgendeiner der von ihm geschaffenen Kunstfiguren sei zeitgemäß und bedeutsam für das heutige Theater. Bereits Schiller habe, wie Dürrenmatt meint, als Dramatiker den Versuch unternommen, »mit immer neuen Modellen eine Welt zu gestalten, die immer neue Modelle herausfordert«.

So spricht ein Dramatiker in der Mitte des 20. Jahrhunderts, der nichts mehr zu halten scheint, ganz wie Schiller, von einer Dichtung der Selbstverwirklichung im Erlebnisgedicht, von einer Dramatik der Identifikation, im Bildungsroman und in der Autobiographie. Dem allen hat sich auch Friedrich Dürrenmatt, ganz wie Schiller und nicht minder entschieden, von Anfang an widersetzt. Dann wäre aber eine paradoxe Konstellation im Verlauf jener Geschichtsentwicklung entstanden, die Schiller so hartnäckig zu negieren gedachte. Dann wäre Schiller nämlich unzeitgemäß im ausgehenden 18. Jahrhundert und im Anbruch der Romantik, doch von neuem zeitgemäß unter uns: dank seiner Absage an die dichterische Subjektivität und seiner hartnäckigen Bemühung um spekulativ entworfene Weltmodelle. Zwischen dem geheimen Anachronismus aber der Schiller-Zeit und einer neuen und merkwürdigen Zeitgenossenschaft in der Gegenwart lag der Weltruhm Friedrich Schillers.

(1982)

Hinweise

1. *Das Ideal und das Leben*
Rede, gehalten am 10. Mai 1955 in Leipzig zum 150. Geburtstag Friedrich Schillers.
Erstdruck in: Schiller in unserer Zeit. Beiträge zum Schiller-Jahr 1955. Herausgegeben vom Schiller-Komitee. Weimar 1955, S. 295 ff.; Nachdruck in: Schiller-Reden im Gedenkjahr 1955. Stuttgart 1955, S. 162 ff.
2. *Schillers Dramen – für die Gebildeten unter ihren Verächtern*
In: Schillers Werke in 4 Bänden. Insel Verlag Frankfurt am Main 1966, Bd. II, S. 481 ff.
Der Titel ist eine Anspielung auf einen Titel Friedrich Schleiermachers in seinen Vorlesungen über die Religion »für die Gebildeten unter ihren Verächtern«.
3. *Die Vorreden zu den »Räubern«*
Erstdruck in : Goethe. N. F. des Jahrbuchs der Goethe-Gesellschaft, Weimar 1955, S. 45 ff.
4. *Die Erzählungen*
Geschrieben als Nachwort zu einer Neuausgabe von Schillers Erzählungen im Insel-Verlag, Leipzig 1963.
5. *Schillers Gedichte und die Traditionen deutscher Lyrik*
Vortrag, gehalten am 6. November 1959 beim Marbacher Colloquium der Deutschen Schillergesellschaft.
Erstdruck in: Jahrbuch der deutschen Schillergesellschaft, Bd. IV, Stuttgart 1960, S. 72 ff.
6. *Der Lehrer und die Lehren*
Rundfunkvortrag, gehalten am 12. Mai 1980 im Bayerischen Rundfunk im Rahmen einer Sendereihe über »Die Lehren der Meister«.
7. *Skizzen zu einem Porträt*
Geschrieben für eine von Walter Hinderer herausgegebene Anthologie »Literarische Porträts«, Athenäum Verlag, Königstein i. Taunus 1982.

Bibliothek Suhrkamp

Verzeichnis der letzten Nummern

813 Ogai Mori, Vita sexualis
814 Benito Pérez Galdós, Miau
815 Gertrud Kolmar, Gedichte
816 Rosario Castellanos, Die neun Wächter
817 Bohumil Hrabal, Schöntrauer
818 Thomas Bernhard, Der Schein trügt
819 Martin Walser, Ein fliehendes Pferd
820 Gustav Januš, Gedichte
821 Bernard von Brentano, Die ewigen Gefühle
822 Franz Hessel, Der Kramladen des Glücks
823 Salvatore Satta, Der Tag des Gerichts
824 Marie Luise Kaschnitz, Liebe beginnt
825 John Steinbeck, Die Perle
826 Clarice Lispector, Der Apfel im Dunkel
827 Bohumil Hrabal, Harlekins Millionen
828 Hans-Georg Gadamer, Lob der Theorie
829 Manuel Rojas, Der Sohn des Diebes
830 Jacques Stéphen Alexis, Der verzauberte Leutnant
831 Gershom Scholem, Judaica 4
832 Elio Vittorini, Erica und ihre Geschwister
833 Oscar Wilde, De Profundis
834 Peter Handke, Wunschloses Unglück
835 Ossip Mandelstam, Schwarzerde
836 Mircea Eliade, Dayan / Im Schatten einer Lilie
837 Angus Wilson, Späte Entdeckungen
838 Robert Walser, Seeland
839 Hermann Hesse, Sinclairs Notizbuch
840 Luigi Malerba, Tagebuch eines Träumers
841 Ivan Bunin, Mitjas Liebe
842 Jürgen Becker, Erzählen bis Ostende
843 Odysseas Elytis, Neue Gedichte
844 Robert Walser, Die Gedichte
845 Paul Nizon, Das Jahr der Liebe
846 Félix Vallotton, Das mörderische Leben
847 Clarice Lispector, Nahe dem wilden Herzen
849 Ludwig Hohl, Daß fast alles anders ist
850 Jorge Amado, Die Abenteuer des Kapitäns Vasco Moscoso
851 Hermann Lenz, Der Letzte
852 Marie Luise Kaschnitz, Elissa
853 Jorge Amado, Die drei Tode des Jochen Wasserbrüller
854 Rudyard Kipling, Das Dschungelbuch
855 Alexander Moritz Frey, Solneman der Unsichtbare

Bibliothek Suhrkamp

Alphabetisches Verzeichnis